林志玲・著

剛剛好的優雅

志玲姊姊修養之道

Be your better self

推薦序

世界有你，確實變得更美

蔡康永（作家、導演、設計師、主持人）

跟不少美人吃過飯，我發現美人往往不在意飯桌上的談話有沒有陷入冷場。我跟我好友提到這個感想，好友回我：「美人不會覺得冷不冷場關她們的事。她們已經那麼美了。」

所以呢，每次發現林志玲在為別人著想的時候，我都忍不住想問她：「你不是美人嗎？你管別人的感受幹嘛？」

我從來沒問過她這題，但我猜過：是不是她自己意識到，人外表的光芒，往往會無意識的四下漫射，有可能會撞上某些人想守住的界線，所以志玲才會刻意去練習，練習如何辨識，並且尊重人際的界線？

人際關係不可能只有你自己，就像國際關係不可能只涉及一個國家。既然涉及別人，你的價值觀，就不會是現場唯一的價值觀。人際關係是在為別人著想的同時，不覺得自己受委屈，或者是受委屈，但仍然感到值得。

志玲一直擁有自我，她既沒有被自己的光芒眩暈了眼，也沒有活在別人對她的論斷裡，這當然就是因為她對人際關係一直有省視、一直有練習。

這本書就是志玲省視與練習的心得。這些心得，使志玲免去了很多煩惱、守住了不少底線。只要你曾經嘗試過跟人相處，就知道這些煩惱有多普遍，而這些底線又有多重要。

如同一直對待工作的認真，志玲這本書也寫得認真平實，書中都是可行的建議。我知道志玲又在為別人著想，才會費心寫了這本書。

這次，你有了跟她的想法相處的機會，如果能體會到她的善意與貼心，也許你也會跟我一樣：覺得世界有志玲，確實有變得更美一些。

志玲從來沒有把她的美麗，當成別人理所當然要收到、並且要在乎的東西，就像有些人也沒有把自己的才華或能力，當成什麼不得了的、別人理所當然要重視的東西。這種態度本該是常識，可惜很多人始終把很多事當作理所當然，然後成為任性煩人的巨嬰。

世上沒有理所當然的事，一切都是人們互相成全的結果。這就是為什麼別人值得我們放在心上。

推薦序

志玲養成記

黃子佼（跨界王）

某日深夜，我在工作室，與志玲一對一無旁騖的為金馬獎典禮修改主持劇本，時光相當漫長，氣氛十分嚴謹。那陣子，我們不斷交換意見與提出創意，她的勇敢，超乎我對一位跨界主持人的預設值。

金馬獎前一日彩排現場，我在臺下看她唱跳一段歌舞秀，因為這一部分我沒參與，所以可以放鬆如觀眾。那份自信與堅毅，讓我當時暗自吃驚又敬佩。典禮上，該段表演後，我說了一句呼應歌詞的話，做為結語與轉場：何必呢？

是啊！都已經是林志玲了，何必呢？

大至金馬獎歌舞秀，小至百貨公司裡與孩童共演聖誕舞，因為我常常在她旁邊工作，每次都能近距離觀察，然後一次又一次，看到滿點的娛樂精神。

她敬業、樂業、專業，不讓客戶失望，總能讓觀眾失魂，媒體更不會空手而歸。互相扶持，完美演出，使命必達。

況且，這本書來的正是時候！我彷彿在許多篇章，找到未來教育女兒的基礎。是呀！如果女兒有這般內外兼修多好！而我十六歲被迫離家獨立自給自足，也暗自考慮過，要不要給女兒這般考驗？但志玲更厲害，十五歲就去加拿大，連語言環境都不一樣的國度。

她所提及的，來自祖母、父母的教育與教導方式，還有許多故事，都給了我很多啟發（不過林爸爸給她的信念：L／E／A／D／E／R／S／H／I／P……要達標真的好難）。她在國外唸大學，學的是經濟與美術，似乎奠定了她理性／感性並存的性格？

美，不能只有外在。氣質是最好的名牌，有內在的氣場與情商，才能美得持久。過去一定很多人懷疑過她的各種美：從容態度、嗲嗲聲音、理智應對，這些都美得不可置信吧？但是，能裝多久？現在，這麼多年了，她沒變，這些人又怎麼看她？好在！她沒啥報復性格，因為自身能自省，不怕人閒語。

這本書，她自剖了很多自處、自癒、自謙的過程，換來知足、知性、知曉的優雅。不過，我還看到了一個選擇思考辯證的志玲，懂得自省，並且始終心存回饋，真的好佩服！

世界紛亂，我們很難真的出手改造太多，但可以先進化自己。齊家治國平天下，一起跟志玲練習感恩、不比較、轉念向前、多說謝謝、禮貌回應，為了自己與身邊的人，擁有堅毅又溫柔的心吧！

推薦序

更接近理想的自己

林依晨（作家）

閱畢闔上志玲姊姊的書，不禁輕嘆一聲——好多觀點都與我甫出版的書內容不謀而合。

我們堅持的原則很像，對於真正的美好也有著相似的定義，但實話相告，志玲姊姊做到的程度又更為極致，這或許與她強大堅韌，同時也柔軟易感的內心有關。

謝謝她的溫柔提醒，讓我某幾顆有些鬆掉的螺絲能夠再度旋緊。這個緊，並不是讓人窒息的緊張或緊繃，而是對自我原則的堅守，並不忘記包容（非縱容）體貼他人。

有人說，要面面俱到的做人也太累了吧，但當一個人是真心誠意的認同「利他」這樣的核心價值，那麼她的言行舉止必然會朝那樣的方向靠近……

或許，志玲姊姊想藉由這本書告訴大家的，不單只是她如何一步步的成為現在的她，而是我們如何因為她的分享，更有機會接近理想中的自己，卻不會太過吃力或用力過猛。

畢竟，生命中的重要抉擇或生活中的細瑣事項，都需要不疾不徐、剛剛好的優雅才能從容成就，不是嗎？

目次
contents

Part 2

轉念向前的智慧

Part 3

打開視野的格局

Part 4

直面人生的勇氣

專文推薦

自序

我當媽媽了！
在這麼多未知和變數中，
這個小生命奇蹟似的誕生了。
我謝謝自己從來沒有放棄過，
更謝謝最堅強的小寶貝！
我們終於擁有了此刻可以歌詠的幸福。

幾個月無眠的夜晚，
面對一個不可思議的生命，
看著他成長，
對我而言是生命中最美好的饋贈。

卻也了解到
他的成長將由我們來啟蒙。
我是不是該送個禮物給我的寶貝
除了我滿滿的愛以外啊～

看著他的小臉蛋，
在等待他醒來之前也許可以寫一些東西，
讓他可以感受媽媽的曾經。

回憶真的是我們這個年紀的寶庫啊，
感謝年幼時父母的教導，
成長過程中的良師益友，
或是生命中的每一次榮耀與挫折；
潛移默化的滋養，
讓我受益一生。
也是在歷經世事之後，
我才明白～
那些小小的，
也許我們不會記得的事件後面，

蘊含著怎樣的巨大力量，
深深鐫刻在骨子裡；
讓我可以一路走來化干戈為玉帛，
在人生的道路上走得還算順遂，
也能時時提醒自己感受幸福。

有人覺得我的正能量是天生的，
其實正向思考也需要很多年的養成。
我不完美也有情緒，
只是我會換個角度換個態度，
盡量不要傷到人。

後來想想，
也許這就是所謂的軟實力；
修養。

希望我的小寶貝
內心擁有強大而柔軟的力量
做一個善良溫暖的人，
健康快樂成長。

總有一天，
當他離開了我們的呵護，
我們有信心，
他會有足夠的智慧和力量，
來面對這個世界。

這本書獻給我的爸爸媽媽
說謝謝，
千萬不要等到來不及。

Part

1

溫暖心靈的魔法

001

微笑，優雅語言第一課

微笑是世間最美好的語言，
雖然只是嘴角上揚，
卻蘊含巨大的力量。

從小我就是個很愛笑的人，笑點低，也很容易因為小事而開心。

和所有人一樣，我也經歷過一段剛出道的新人時期，在一群長得都很高、外型個個出色的同儕裡，並不覺得自己特別被看好，也沒有比別人多的工作機會。當時，時尚教父洪老師說：「志玲啊，妳就是個鄰家女孩兒，要找到自己的特色。」這句話對我而言太重要了，在一次次的試鏡失敗後，我並沒有落入比較或失去自信的陷阱：因為永遠會有人比自己高、比自己上鏡、比自己多了一些經驗。但是，我們不是商品，並沒有好與不好，而是適合與不適合。在模特兒界，我並不特別，不會第一眼被看到，但是，一定有適合我的機會，要靠自己找到自己獨一無二的定位。

爸爸說我是愛笑的女兒（生出來就是喔☺），本來我並不覺得自己喜歡笑這一點有什麼特別，直到有一次剛好看到一篇報導，清華大學的沈君山校長在接受採訪時說，打開電視不管怎麼轉臺多半是社會的負面消息，這時看到林志玲帶著微笑出現在螢幕上的樣子，心裡感受到一陣溫暖和希望。

後來我有緣見到他本人，他當時生病了，而且病得很嚴重，在病床上的他，如陽光般溫暖的帶著微笑迎接著我。他說很多朋友送他海報，讓他一直可以看到志玲姊姊的笑容，雖然有點太多了。☺

原來，微笑是可以透過螢幕帶給大家感染力的，微笑也是可以穿越時空，走進大家心裡面的，它是一種最美好的無聲語言。

不管在任何時刻，都不要輕忽微笑帶來的能量，帶給別人快樂的同時，自己也收穫了快樂，還有什麼比這更美好的循環呢？

每天帶著微笑起床，迎接自己將創造的一天。

就算有些不如預期，笑一笑自己，很多事情也感覺不會那麼糟糕。

微笑是上天賜給我們既樸實又珍貴的禮物，它不需花費一分一毫，僅僅嘴角上揚，就可以帶給人們美好的心情與暖心的感受。不分年齡、沒有言語隔閡或任何限制，都可以透過微笑讓對方收到自己的心意。

真正發自內心的微笑沒有目的，不會因為有求於人或和他人之間的利益關係而有所分別。

無論是對強者，還是弱者，每一個笑容都應該發自真心。

試一試吧，每一個第一次接觸，都從微笑開始。

我相信你也會，獲得一個微笑。

你的微笑也會被對方記在心中。

有段時間大家很喜歡替別人貼上各式各樣的標籤，如果要替我貼標籤的話，請幫我貼上「微笑的標籤」。

未來的未來，希望大家想起我的時候，腦海中浮現的，是一抹暖暖的微笑。

C H I L I N G

優雅小提醒

- 微笑不需花費一分一毫，僅僅嘴角上揚，
  就可以帶給人們美好的心情與暖心感受。
- 無論面對強者還是弱者，
  每一個笑容都應該發自真心。

002

懂得傾聽，比能言善道更有魅力

上帝給了我們兩隻眼睛、兩隻耳朵，
卻只有一張嘴，
會不會是爲了讓我們多看多聽、少說話？

有些人會羨慕別人反應快，說話機智，在人群中十分亮眼，很容易受人矚目和歡迎。

但是，不刻意說些什麼或做些什麼，是不是就無法「刷存在感」了？

不只一位心理學家曾經證實，「積極傾聽」是有效溝通的第一步。

在傾聽過程裡，向你傾訴的對象會從你專注的態度和肯定的眼神中，意識到自己的重要並獲得鼓勵。這種被重視、被鼓舞的感覺，能夠讓說話的人主動打開心扉，卸下心防，不僅是一種有效的溝通，還能建立彼此的信任感。

為什麼上帝給了我們兩隻眼睛、兩隻耳朵，卻只有一張嘴呢？會不會就是為了讓我們學會多看多聽、少說話？

我們每個人都會需要他人傾聽我們的心聲，也就是所謂的心靈後盾，可以支撐你，建議你，安慰你，陪你一起笑一起哭。

想一下，你有心靈後盾嗎？你是別人的心靈後盾嗎？就是有這樣無條件願意傾聽的朋友。

只有和他在一起的時候，不需能言善道，只需要做最真實的自己。你也會願意享受傾聽，完全沒有壓力，不求表現和掌聲。有些事情不需要答案，有人聆聽已經足夠。

生活中有一些誤會正是由於沒聽懂對方的意思，或是沒聽完對方說的話就驟下結論的後果；或是太擔心冷場、趕時間而急著插話，那個畫面不管怎樣也很難優雅起來喔。

試著耐心聽完，好好思考應該如何回應，養成「先思考，再表達」的習慣。

或許你會發現，人緣好的人常常有一種特質，就是有許多人渴望向他傾訴，而這種人有一種領袖魅力，雖然不一定能言善道，但說出的話特別聚焦。

讓我們學習傾聽，也試著學習做別人的心靈後盾。
每一次傾聽，都是學習，是一個信息收集的過程，
更可以讓自己吸收知識而更善言談。

深思熟慮後再出口的話語，往往更有邏輯，也更有力量。

也許我們能給身邊人最好的禮物就是時間，
也就是陪伴和用心傾聽。

C H I L I N G

優雅小提醒

- 別急著刷「存在感」，積極傾聽，是有效溝通的第一步。還能建立彼此的信任感。
- 每一次傾聽，都是學習，是一個訊息收集的過程，會讓自己吸收知識而更善言談。

003

肢體，也會說話

有時候即使不說話，
肢體語言也代我們做了誠實的表達。

我們的溝通有百分之五十五來自肢體語言，這是心理學家艾伯特・麥拉賓（Albert Mehrabian）曾提出的一個理論。可見肢體和儀態扮演著比我們想像中更重要的角色，有很多手勢，譬如擁抱比語言更能傳達出我們的內在情感，勝過千言萬語。

這代表我們在跟人溝通時除了多多傾聽，也不妨多注意自己的儀態形體、音調，以及肢體所傳達出來的語言。是慌亂的、優雅的？會不會咄咄逼人、讓人感到有壓力？還是無法專心、不斷焦慮或無意識的查看訊息和滑手機？

所謂的優雅，正是由內而外的整體氣質，即使不說話，也能感受優雅的存在，那是因為我們的動作表情或肢體語言，在不經意中反映了我們的內在。

肢體如同無形的言語，有時會對別人造成壓力卻不自知。大家可能都有過類似的經驗，在升學前的衝刺期間或在辦公室，已經充滿巨大壓力的時候，卻有個老師或主管習慣性的板著臉，將雙手交叉在胸前走來走去，讓大家更加的緊張、戰戰兢兢，甚至可能覺得自己好像永遠都做得不夠好，下一秒就會出錯。

又或者有些人說話的時候習慣不斷用手指頭指著他人，想想，如果自己被這樣指著，那種感覺舒服嗎？

相反的，一個笑容或一個肯定的手勢，也能令灰色冰冷的時間暫時停止，點燃人們心裡的暖意，讓壓力化為動力。

平時說話時，請多加注意自己的肢體語言，

你一定會發現，對的形體和手勢可以幫你的談吐加分。

工作上為了撐起服裝的氣勢，常常穿上高跟鞋後都不小心超過一百八十公分。為了衣服整體好看是需要的，但因為我喜歡與人平視、看著對方的眼睛說話，往往不自覺的小小半蹲著和對方說起話來。有一次看到自己的照片被媒體放上「林志玲禮貌蹲」的文字說明，並在一個場合蹲了百次以上，才發現自己有這個習慣。另外，我常會以「愛的抱抱」向周圍朋友表達我的感謝和想念，一個溫暖的擁抱能傳達的心意，有時候勝過千言萬語，是一種最直接的表達。

希望你也能找到釋出善意的肢體語言，讓話說得美、說得漂亮，甚至創造出屬於自己獨一無二又溫暖人心的肢體語言。

C H I L I N G

優雅小提醒

- 動作表情或肢體語言，會不經意反映我們的內在，對的形體和手勢，可以幫你的談吐加分
- 一個笑容或一個肯定的手勢，能融化冰冷，點燃人們心裡的暖意，讓壓力化為動力。

004

說出口的謝謝

「謝謝」不僅僅是爲了感恩，
讓對方知道你明白他的心意，
也是啟動正能量的小按鈕。

禮貌用語、禮儀細節，體現出一個人的修養；
禮貌也是一種說話的風度，這種優雅的談吐跟氣場，
會帶給別人更好的印象，甚至為自己帶來機會。
它更會是初次見面最融洽的橋梁。

一直考慮是不是要有這一個篇幅，
因為，請、謝謝、對不起，實在是太基本了啊！
但沒有了它們，就沒有了修養的地基，
所以對不起啦！請讓我，好好的把「謝謝」這件事說一說。😁

不只是對於不熟悉的人，需要拿捏恰如其分的禮貌，
對於親近的家人朋友，我們更應該將「謝謝」常掛在嘴邊。
有一件事情看似小事，但那段對話卻一直留在我心中。

小學時媽媽會替我跟哥哥準備便當，有一天是我很喜歡的番茄醬炒飯，我很開心的說了一聲「謝謝媽咪」。沒想到媽媽突然很感動的謝謝我對她說「謝謝」，媽媽還說，她聽過別的小朋友會問媽媽，便當裡為什麼沒有自己想吃或愛吃的東西。

原來，媽媽會在意這個。

原來，我們習以為常的日常，

都是父母或他人為我們準備的，沒有什麼理所當然。

那一幕媽媽與我的對話，深深的烙印在我的腦海當中，

也成為收藏在我心中的珍貴的回憶。

亞洲人的個性或許真的比較內斂，越是對於親近的人越疏於表達，很多事情習慣放在心裡，總覺得對方可能懂得，應該明白吧，不說也會

知道吧。

其實你不說，別人不一定知道。

如果心中有感謝，就應該好好的將「謝謝」說出來。

結婚之後，家事變成生活中的日常。

有一次姊夫非常貼心主動的幫我洗了碗，當時我正在忙其他事情一時沒反應過來，姊夫就用可愛的表情看著我說：「妳是不是忘了說什麼呢？」

然後我立刻用最標準的娃娃音說：「阿哩嘎多！阿哩嘎多！」😍

親愛的姊妹，告訴你們喔，之後姊夫就經常幫我洗碗了，我也會經常的說阿哩嘎多……，即使我們家現在的碗有時會消失旅行去了或對杯不成套，但我們也因此多了很多對彼此說謝謝、感謝對方的機會。

請不要將生活中的日常幫忙當作理所當然，

該說謝謝的時候，就應該要好好的說。

不是所有事情都能靠我們自己獨立完成，
我們的每一天都需要周圍的人一起參與或共同努力。
當有一天，事過境遷，
如果你曾經好好的說聲謝謝，
別人也會記得你對他們說過的感謝，
這份心意將會收在彼此的心裡面。

你還記得上次對親愛的爸爸、媽媽說「謝謝」，是什麼時候的事了？
你會對伴侶或孩子說聲「謝謝你」嗎？

尤其人生到了某個階段，領悟到「謝謝」這句話，
是一種深度的感念和感謝。

真的要在來得及的時候，好好的說出口。
越是自己珍惜的人，越應該要常常的對他說。
就從此刻開始吧！☺

C H I L I N G

優雅小提醒

- 好好說出你內心的感謝，不要等來不及的時候，只剩遺憾。
- 將「謝謝」說出口，而不是放在心裡，越珍惜的人，越應該常常對他說。

005

願意溝通的姿態

願意溝通的心，
是以善待人的第一步，
是人際關係中最重要的一環。

客戶希望你做一個特別的表演？好。

多背幾頁內容介紹產品的特色？好。

可以和經銷商多拍幾張照片嗎？我都會很願意說好，只要這些期待或要求是工作上合理的範圍。

希望當天客戶可以得到一百分的效果和一百分的我，所有良性溝通都是為了延續更美好的未來，如果連溝通都不願意，就直接說不，等於是將每個當下的互動畫下了休止符。

機會是留給準備好的人，可是當機會來的時候，不大聲的說出「Yes」，好像也沒有什麼用喔？以「Yes」的開放心態面對人與事，能把很多緊閉的可能性打開。透過想溝通、繼續往下討論的意願，能讓對方感受到誠意與希望，從中找到雙贏的平衡點。

在生活裡，願意溝通的心更是重要。

姊夫和我直到結婚的前一刻，我們的情書往來都是由一位翻譯男閨蜜來做邱比特。

我相信男閨蜜等於也算是談了一次第一手戀愛了吧。

結婚以後，當然沒有翻譯，語言的密碼如何走入彼此心中，怎麼讓對方相互理解，我相信跟認識時間長短沒有關係。

我們願意傾聽、願意溝通，至少到目前為止都沒有吵過架，或許也是因為我的日文還沒有好到可以跟他吵起來的程度，哈哈，這也許不是壞事喔。😁

我和姊夫有一個約定：如果遇到想發脾氣、已經到了不知該說什麼的時候，請讓我牽著你的手安靜一下，其實這樣，你可以摸到有溫度的一個人和試著感受那一顆不可能想要傷害彼此的心，所有難以溝通的事情也就會過去了。

當然，在很生氣的時候，你可能也不想握著對方的手吧？

那麼試著寫下來，就像我們小時候傳紙條一樣，作為溝通的方式，因為我們在寫的時候總是會稍作修飾，用字遣詞會經過思考，也給了自己安靜沉澱下來的機會，好好想一想整件事的脈絡以及彼此的立場，找到一個對的溝通方式。

用心溝通，心與心之間的交流，
比任何言語上的溝通，更能拉近彼此的距離。
願意溝通的心，是以善待人的第一步，
是人際關係中最重要的一環。

C H I L I N G

優雅小提醒

- 以「Yes」的開放心態面對人與事，
在溝通時讓對方感受到能夠進一步對話的可能性。

- 用心溝通，心與心之間的交流，
比任何言語上的溝通，更能拉近彼此的距離。

006

凡事提前十分鐘

凡事提前十分鐘，
是我們該表現出的自律與從容，
也讓人更願意與你合作。

「守時」是一件在現代生活中越來越不被重視，卻很重要、很重要的事，尤其是和團隊工作，除非發生什麼萬不得已的狀況，不然沒有誰應該花時間去等待誰。一個小小的耽誤，都會影響到整個團隊的時間與進度。

有些人赴約時總是姍姍來遲，每次都找藉口為自己開脫。不是已讀不回提醒催促的訊息，就是說自己馬上到。與他一起工作的人看起來都顯得無可奈何，時間一久，次數一多，就會發現他出現的次數越來越少了。因為不守時的習慣，其實就是一種不尊重他人的態度，將會影響到他的人際關係以及別人和他合作的意願。

就算你真的因為什麼不可抗拒的原因會晚到，也請禮貌的傳個訊息，或打個電話告知對方。

仔細想想，類似的錯誤真的很難避免嗎？明明覺得時間「可能」夠用，但時間抓得太緊迫，趕著出門、趕著搭車，最後還是「不小心」遲到了？或許我們可以試一試凡事提前十分鐘。

提前十分鐘起床，喝杯咖啡，吃個早餐，讓一整天都有好心情。提前十分鐘等車，步履輕盈的上車，或許能找到一個舒服的座位。提前十分鐘上班，整理一下桌面，思考一下今天的工作內容，更快進入工作的狀態。

凡事提前十分鐘，展現出自律與從容。守時的好習慣，會讓別人更願意與你合作。所謂的從容與優雅，就是從這些小地方開始。

在我有幸和一些國際巨星合作時，讓我印象非常深刻的體會就是，當我提前了十分鐘抵達現場，沒想到，前輩們不但已經到了，有時甚至還提前半小時。而且在沒有他們鏡頭的拍戲空檔，他們也未必會回到休息室休息，就是不想因為自己的移動時間而耽誤了拍攝的整體進度，寧可待在現場 stand by 等候。因為知道早點收工，大家就能早點回去休息，他們尊重團隊裡的每一個人。

成功不是一夕之間，而是由這些敬業、體貼別人的習慣累積起來的。

不妨試試，做個從容的自己，凡事先從提前十分鐘開始吧。

C H I L I N G

優雅小提醒

◆ 遵守時間，
在工作上是一種對自己和對別人都好的習慣。

◆ 所謂的從容與優雅，
可以試著從提前十分鐘開始。

007

禮貌回應是優雅的表現

「禮貌回應」，
不要將他人的問題飄在空中，
做一個有反應、有表情的人。

你這麼高，男主角怎麼辦？
氣度勝於高度！

有人說你是花瓶？
謝謝他對我外表的肯定，但是我的瓶中有物，只待發掘。

最近有誰在追你？
時間在追我！

一個答案，如果能讓彼此都會舒服一些，那為何不試試呢？

我的身高，我不能改變。
你說我是花瓶，我只能用時間去證明不是。
至於誰在追我，當然不能告訴你。

或是真的也可以很有禮貌，給個所有明星的標準答案：
謝謝關心，不方便回答。

當別人咄咄逼人，我們也可以禮貌幽默的娓娓道來，
不用把所有的問題變成壓力。

尤其因為疫情的關係，這兩年大家都是戴著口罩，沒有人能預期眼前
不斷更新的疫情狀況何時可以解除。你可以想像嗎？未來的孩子，他們可
能看到的，是一個沒有表情的世界。

然而其實他們學習各種情緒，都是透過我們表情的詮釋來獲得認知。
我們對嬰兒說話時，會用特別誇張的聲音及表情，因為我們希望他感受到
開心。如果表情都被口罩隱藏起來了，那麼，請更要好好的回答。

沉默未必是金，尤其是對於身旁親近的人，如果連一點點反應或表情

都不願意表達，任對話飄在空中久久不做任何表態，是會讓彼此關係無法互動的。

這個世界上大概只有空調的急速冷卻是個優點，人際關係裡的冷漠只會讓人背脊發涼。

請做一個有反應、有表情的人，即使你想要說的答案是個否定句，也可以保持禮貌、好好的說。

C H I L I N G

優雅小提醒

- 當別人咄咄逼人，
  我們也可以禮貌幽默的娓娓道來。
- 面對提問，請好好回答，沉默未必是金，
  尤其是對於身旁親近的人。

008

自律才能自由

自律也可以透過練習，
想要自由，先要自律。

爸爸在我考完聯考時，做了一個非常大膽的決定，開啟了我不同的人生旅程。

中學時期，爸爸六點叫我起床時，我已經穿好制服開始複習功課並準備好出門了，但是叫哥哥起床的時候，可能要花好長一段時間。

當我步履輕盈的走路到校門口時，常遇到哥哥急急忙忙的從計程車跳下車。（😳怎麼可以這樣花零用錢！）

在爸爸的想法裡，如果要把孩子送去海外求學，除了要能自我獨立，另一個優先考慮就是要能自律。

所以在最後一秒前，爸爸把機票換成了我的名字。

這張飛機票，讓我開始體驗不同的人生旅程。

帶著一個行李箱和一千元加幣，十五歲的我，踏上了陌生的國度。

我並沒有因為突然自由了，就忘記這趟旅程最需要專注的是什麼事情——那就是求學讀書。這段獨自在異國，凡事得靠自己的訓練過程，讓我變得更加獨立。那時沒有手機，但有地圖，幾個月後，我結束了在一個小鎮語言學校的學習，搭上了灰狗巴士，到大城市，去公立學校申請就讀，分租了學校附近的一個房間，用二十元加幣買了一個二手床墊，還有一個搬家用的紙箱作為我的書桌。

在公立學校念書的同時，也提出申請一間我所心儀的私立女子學校，希望入學，但因為沒有監護人，也因為英文真的不夠好，所以並沒有在第一次就能成功申請到住宿的私立女子學校。

但我記得當時我和校長說，請給我一年的機會，我明年再來考試。

隔一年，我終於獲得了入學的機會。

那一段過程，成為我人生很大的養分。

從小養成的自律性格，也延續到後來我面對工作的態度。有些人會把演藝圈冠上五光十色的想像，覺得燦爛非常。

然而一走下舞臺，我，一樣是林志玲。

回到了自己原本的樣子——生活簡簡單單，不喜歡複雜。

演藝圈的你可以很單純，只要身體力行做好自己，

希望這樣的自己，也許可以潛移默化的給喜歡我們的人一些正面的影響力。

當然有時你可能會說，自律好難，會有想放鬆、不想做某件事的時候，可以看看心情再說嗎？

當然可以，只是時間是不等人的。如果常覺得自己在原地踏步、轉圈圈，或許正是名為「心情」或「情緒」的螺絲脫序，卡住了我們，讓我們無法前進。

和運動一樣，自律也是可以練習的，
重點是能持續，而不是一下子給自己無法負荷的訓練。

可以先幫自己設定好目標，再分成一些小目標循序漸進。
我們先試著朝小目標努力並完成，感覺就沒那麼困難了。
比方說，大目標是給自己一年時間甩掉不健康的脂肪，
再將小目標設定在每週或每個月安排多少時間注意運動和飲食。
視狀況來做微調，這樣就不會因為挫折感而直接放棄了。

如果有一點小失誤也不要太過苛責自己，
趕緊將專注力拉回來，完成任務後，給自己一點鼓勵，
可以安排一下放鬆的時間或喜歡的消遣，當作獎賞，
謝謝自律的自己成功達到了目標。

爸爸說，自律就是「持其志，無暴其氣」的自勉。伴隨著自律而來的是「自覺」和「自我期許」，才會明白現在所有的自由，都源自於過往的自律。

一直注視著自己、瞭解自己，進而，自愛和自律。

自律的人，才能夠擁有真正的自由。

C H I L I N G

優雅小提醒

- 自律是可以練習養成的，重點是要能持續，
  先從小目標開始，
  循序漸進的幫助自己完成大目標。
- 自律伴隨著自覺、自愛，以及自我期許。

009

溫柔的力量

溫柔中帶著堅定，
面對強者不卑不亢，
面對弱者如輕風細雨。

溫柔是一種對他人的善意，對自己的好意，對世界的暖意。

溫柔不是軟弱，不是矯情，不是為了迎合他人而表現溫柔，
也不代表要讓自己好像戴上一個柔焦濾鏡，
或是沒有自己的立場或主張。

溫柔不代表逆來順受，
而是，如沐春風的留駐於心，
是一種舒服的溝通方式，
有教養而情緒穩定的說話。

尤其當你遇到人生的關卡，
以前我們總是學習要堅強，
殊不知，堅持做一個有韌度的人，比堅強更重要，

想突破的同時，有可能會傷到他人，或令周圍的人產生壓力。
試著用堅定而溫和的態度去表達，
讓這股力量有了彈性和韌度，
也讓彼此有了空間。

我的阿公過世得很早，阿嬤從很年輕的時候開始，一個人將幾個孩子拉拔長大。她的性格獨立自主，向來不願麻煩他人，獨自撐起整個家，是我所認識最堅韌的女人。很難得的是，我不曾看過她怨天尤人，對於身邊人總是心懷感恩，而且還很為周圍的人著想。

阿嬤活到九十七歲都還很健朗，她說她很幸福，但她等太久了，所有的朋友都早早投胎去當嬰兒了……

有一次我要遠行工作前，十分健康的阿嬤把我叫到身邊，突然說：

「志玲啊～如果有一天我走了，你千萬不要把我放在靈骨塔，你把我放在心裡。隨風隨土，我實在不想給你們添麻煩，我拜了阿公很多年，我知道這樣很對你們來說很麻煩，你一定要記得聽阿嬤的話……」

「阿嬤！這是什麼話啦！我要去坐飛機了啦！」

一週後，我回到臺北的那一個晚上，看著阿嬤在加護病房努力的掙扎，從晚上到了清晨。

如果說小時候的人事物，成為日後的啟發，那麼，我的阿嬤絕對是影響我很深的人。

她「溫柔而堅定」的身影，我從小看在眼裡。

她代表著那個年代女性的美德——溫良恭儉讓。

她從不多說什麼，但以身教讓我明白了很多事情。

直到她似乎知道要離開我們之前，都對這一生充滿堅定的感謝。

常說女人如水，水亦能穿石，
看似柔軟的事物，有時候是更有力量的，
也才能抵擋世俗的腐蝕。

當我們用溫和、溫暖的態度表達，
就會讓力量有了彈性與韌度，
我想，這就是溫柔的力量吧。

C H I L I N G

優雅小提醒

- 溫柔不代表逆來順受，而是一種舒服的溝通方式，有教養而情緒穩定的說話。
- 以「溫柔而堅定」的力量，走出自己的道路，認可自己的價值。

010

投資自己的好習慣

任何人都可以透過「習慣的養成」

來改變自己，

用長遠的一生來看，

這絕對是對自己最好的投資。

投資自己的學習、觀念、魅力和好習慣，
是他人拿不走的財富。

心理學家威廉・詹姆士（William James）曾說：「播下一個行動，你將收穫一種習慣；播下一種習慣，你將收穫一種性格；播下一種性格，你將收穫一種命運。」

與其花時間去營造人設，
不如花時間去養成一些對自己受用無窮的好習慣。

別輕忽「小」的力量帶來的魔法，人生也是從分分秒秒、很多個轉瞬即逝的當下累積起來的。不論幾歲、無論何時都可以透過「習慣的養成」來改變自己，而且用長遠的一生來看，這絕對是對自己最好的投資。

爸爸很愛寫毛筆字，從小耳濡目染下，我也養成了喜歡寫字的習慣。我很喜歡寫字，而當你在提筆寫字的過程中，你就會靜心下來細細咀嚼並體會其中的含意，對於想說的話就能更得體的表達。所謂的EQ，應該就是這樣吧，不要急著說，沉澱思考以後再說。

透過文字的紀錄，也讓你可以清晰的整理自己的思緒，不會慌張到覺得一天什麼事都做不完，以至於提不起勁，什麼事都起不了頭。我習慣一起床就會拿起紙筆，寫下今天必須執行的事情，列一個 to do list（必做清單），一天結束時再做個驗收和提醒，讓每一天的生活節奏都可以很優雅的進行。

另外，在下不了決定時，也可以列舉「利弊得失比較單」，把好處和壞處清楚的列舉出來，有時你會意外的發現，寫下來以後，選擇起來會出乎意料的簡單呢。

想想你有什麼好習慣，
強化它、放大它。
也可以從生活中最基本的四分法開始，
好的飲食、好的運動、好的學習、好的睡眠，
好好的開始灌溉這些好習慣，
是最沒有風險的投資，保證收益。

這些如同鍛鍊心靈核心肌群的習慣養成之後，
你會發現擁有蝴蝶效應的魔法，很多事情都跟著轉變了，
你的未來，可能也因而改變。

C H I L I N G

優雅小提醒

- 別輕忽「小」帶來的魔法。
  無論何時都可以透過好習慣的累積與養成來改變自己。

- 強化、放大你的好習慣，也開始灌溉養成其他好的習慣，這是保證收益的投資。

Part

2

轉念向前的
智慧

011

回歸赤子之心

用純淨的雙眼看世界，
一切都將變得簡單。

我們可以先閉上眼睛，想一想自己的童年。

所謂的童心，是用純淨的雙眼看世界。天真稚氣、內心善良、充滿好奇、充滿喜悅。

沒有過度的包裝，沒有多餘的修飾，沒有怪異的色彩，更沒有複雜的情緒。

用毫無挑剔、無差別心的眼光觀察世界。

擁有對於這個世界的信任，對於相信的執著。

赤子之心不是情緒的巨嬰，任由各種心情直接宣洩，

也不是幼稚孩子氣，不願為自己的行為承擔後果。

學者南懷瑾說過一句話：「真正的修養，是把自己恢復到兒童階段的活潑天真，那就乾淨了。」一個人修養到沒有雜念，沒有妄念、妄情、妄

想，意識直接沒有加上後天的思想，完全恢復到嬰兒清淨無為的狀態，這時生命的功能整個就激發出來了。

你是不是也會想念兒時的天真浪漫，那種不帶一絲汙染的純潔無瑕，內心好像很容易被深深的觸動？你是不是有時候也希望，自己不用永遠當個為了滿足社會期待值的大人？

純潔的心是開放的心，不存在成見。當我們用純淨的雙眼看事情，事情也會化為簡單。你可以想像自己充滿童心時，像孩子般純真帶著夢想，充滿了幸福感。沒有任何成人世界的框架，心靈和肢體都可以很自由。

童心是一種很可愛的態度，是享受生命、熱愛生活的元素。常常和孩子們相處讓我學到，好奇的看世界，真誠的表達自己，永遠有夢想可以追尋，回歸單純的快樂。

回到純淨的自己，有點童心，有點孩子氣，
是一種非常可愛的魅力。
我喜歡在可以玩耍的時候用力玩耍；
我喜歡哪怕即使做過了一百次同樣的工作，
還是用最好奇的心情去體驗。

我喜歡當一件事情複雜到無法理解時，
可以突然從一個理智的大人變成一個小孩，
勇敢面對錯誤，承認自己的不足，再試著用最單純的方式解決。

我喜歡生活中一些充滿童趣的點滴。
有時候我們可以不一定要裝作很強、能力很好、很完美的大人，
可以任性的回到生活中有點傻的自己。
尤其和你的另一半相處，請允許彼此有時都可以當個幼稚的孩子。在

家人和最心愛的人面前，不需要堅守成年人的面子和尊嚴，可以哭泣，也可以軟弱。

思緒乾淨沒有雜念，就是學者南懷瑾所說的最高修養，
內心單純，快樂當然隨身左右，幸福如期而至。
請幫內心排毒，
所有的斷捨離都不如內心的斷捨離。

也許我們真的太愛做加法了，開始減法吧，讓一切簡單。
真正的生活智慧是經歷生活的坎坷和挫折，
仍然保有赤子之心，不失去熱情，對待人生。

風吹在身上，雲在飄動著。
用純淨的雙眼看世界，它也會回饋你相同的純淨。

C H I L I N G

優雅小提醒

- 當我們用純淨的雙眼看事情，
  事情也會化為簡單。

- 回到單純的自己，有點童心，
  有點孩子氣，是一種非常可愛的魅力。

012

感恩，讓心靈富足

心懷感恩，
讓愛更強大。

並不是每天都會很好，但一定有好事發生在每一天。

有學者提出「感恩筆記」的建議，邀大家不妨做個感恩清單練習：每天只要花個十分鐘，寫下今天想感恩的三件事，做一個屬於自己的感恩筆記本，當你記錄之後你會發現——

別人對你的好，也沒有理所當然。所有的感謝，都該好好表達。

而當你傷心、鬱悶的時候，回來翻看一下這個本子，不僅會安慰到自己，或許還學會了從不同的角度看事情——

人生不是得到，就是學到。好的不好的都是養分。

感謝那些沒那麼好的經歷，讓自己領悟到更多。

感謝是一種心態，一種思維。

「心懷感恩」能強化自己不要忘記開心的事以及別人的付出，無論是用筆記或是任何你喜歡的形式，將別人的心意好好收在心裡，不要吝於回饋或是表達你的謝意。每個人、每一天能平安順利的度過，都是因為背後有很多人，在為我們付出著。

有沒有想過你這一生要感謝的人是誰？
我感謝在我心中永遠最美也最愛我的媽媽，教導我唯有好的品格才是陪伴女人一生最大的財富；還有給予我信任和勇氣去闖的爸爸；
我感謝在我人生轉捩點時，為我打開一扇門的吳宇森導演；
我感謝這一路走來看見我的可能性，肯定我給我機會的客戶團隊們。
當然也要謝謝從來沒有放棄過的自己。☺

請允許插播一下婚禮的回憶。
那天肯定是我這一輩子最美好的一天。
儀式選擇在臺南的宗祠，因為那個地方承載了我父母的愛情和我們童年的回憶，連小時候爬的那棵樹都可以一起觀禮。

原訂宴請親友一百人，包括了小學的老師、一直非常照顧媽媽的阿姨們、我的老同學們、生命轉折中重要的推手，還有真的為數不多的藝人朋友。🙏

人生就是一輛列車，有些人在某個站就先下車了。
謝謝他們曾經的陪伴，給予我的愛與養分成就了我。
這些感謝都刻在心中長長久久一輩子。

喔，是的，後來因為被聰明的媒體發現了，
姊夫和我也就決定——和大家共享喜悅吧。

只是沒想到一整天都有實況轉播，以及滿滿的SNG車，
更沒有想到會有那麼多的臺南朋友聚在婚宴場外。
為了應對臨時的改變，到當天早上化妝時我都還在確認細節，
待我化好妝、穿上了白紗，這一切就真的發生了。

當我坐上禮車握著爸爸的手，看到外面一路追趕的朋友說：
「志玲姊姊要幸福喔，妳一定要幸福啊！」
我真的無法止住我的眼淚。我沒有辦法停止內心的悸動。
沿路上守候著的，在婚宴場外聚集著的，一雙雙向我們揮動的手，每一個熱情的笑臉，真誠呼喊的祝福，成為每次我回想起來刻骨銘心、深受感動的畫面。

想藉這一篇感恩主題，好好和你們說一聲：
謝謝 謝謝你們的祝福，我都收到了。
我會努力幸福。也希望你跟我一起幸福。♡

用愛工作，會得到更好的自己。
用愛生活，才有幸福。
心懷感謝，每一刻都是小確幸。

C H I L I N G

優雅小提醒

- 心懷感謝，發現每天的小確幸，
  一定有好事發生在每一天。
- 別人對你的好，沒有理所當然。
  請好好表達內心所有的感謝。

013

背後的話語

不可能讓所有人都喜歡自己，
那就讓自己以平常心待人接物。

睿智的前輩對我說，生活中不可能沒有八卦，但我們至少可以讓自己不要八卦別人，或者離八卦遠一點。

不在背後評論人，表面上是保護他人，其實最後是在保護自己。處在充滿流言蜚語的工作環境中，我知道自己不能助長這樣的風氣，心裡喊個「卡」吧，不要讓它再被傳遞出去。

喜歡聊人八卦，背後有各式各樣的動機和心緒。或許心裡無聊空虛，可以從中取得話題與樂趣。也有人覺得知道的八卦越多，表示自己越懂內情、越有本領。我們就別費心思去研究長在別人腦袋裡的心思了。但至少可以換個角度思考一下，有需要把自己置身在熱衷於八卦的人之間嗎？

為了避免自己有一天也成為話柄，你會選擇慢慢疏遠他們嗎？

有人可能會說：「我其實沒有惡意，只是說話直。」但是我覺得說話直，應該是在坦誠相待的基礎下，比方朋友犯錯時，對他直接提醒，而不是趁他不在的時候，拐彎抹角的在背後批評他的不是。「直白」和「詆毀」是兩件事。

每個人對人或事都可以有自己的看法和真實的反應，但不應是不經思考的隨意評價，或是當鍵盤俠在網路世界用言語刺傷他人。試想看看，如果你遇到他人在背後議論或批評你，會是什麼感受？

有時候慶幸自己沒那麼喜歡看社群留言，或說是像一隻鴕鳥，不願意因為不認識的陌生人，讓自己多了幾根白髮或是長幾顆已不青春的青春痘。

第一招，不看。

第二招，不在乎，更高招。

如果我的八卦讓大家會心一笑，那還不錯，因為我本身並不是個幽默的人。

如果我的八卦讓大家皺眉頭，那真抱歉，但不是我說的喔。

與其花費時間心力去找出誰在背後說了你什麼，或不斷糾結到底是誰、說了什麼內容，來對質啊！那還不如把這個時間用來確認，看我是不是已經做得很好了，不怕人說。

嘴長在別人的身上，他們說他們的，我們可以當作鍛鍊心臟的強度，不去在意他人評價。

因為我們不可能讓所有人都喜歡自己，那就盡量平常心看待。如果太過在意，反倒亂了前進的步伐，損失的絕對是自己。

下次，當你遇到有人談論不在場的人，
我想你一定能做出正確的選擇。
如果成為被談論的對象，
也記得不需要活在別人的故事當中，
坦然面對，穩住自己的心。

C H I L I N G

優雅小提醒

- 不讓自己成為背後議論他人的一員；
  選擇不在背後評論人，保護他人也保護自己。
- 不需要活在別人的故事當中，
  太過在意別人的看法，反倒亂了前進的步伐，
  損失的是自己。

014

不比較，不計較

不比較，不計較，
人生可以走得比較輕鬆自在。

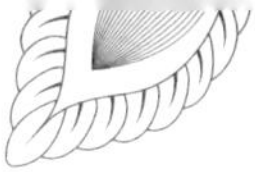

從小到大，我們好像都很難脫離「比較」這件事，比成績、比才藝、比學歷，長大後就比工作待遇、比成就、比外表……，有時候即使自己不想比，但還是會被別人拿來做比較。

微軟公司創辦人比爾．蓋茲（Bill Gates）曾說：「拿自己與世界上的任何人比較，是在侮辱自己。」

這個道理其實知易行難呀，即使自己不想比較，也沒辦法迴避「被迫比較」。

有個朋友跟我傾訴，她花了很多心思準備，卻輸掉了非常關鍵的升職競賽，強作鎮定當作自己並不在意，告訴自己人生處處都有機會，但內心還是不時會湧起一股酸澀。

後來她說，她看到羽生結弦的新聞慢慢釋懷了。這位已經是奧運金牌兩連冠的花式滑冰王子，在北京冬奧花滑比賽上，如果執著在拿下三連冠，可以走安全保守的路線讓自己取得更高分，可是他偏偏去挑戰不曾有人嘗試、人體自身極限的4A阿克塞爾四周半跳，連續在冰上摔倒，最後只得到第四名。對羽生來說，競賽的對手是他自己。

本來她對花式滑冰絲毫沒有興趣，連這位赫赫有名的選手也不知道。直到羽生結弦摔倒的新聞在她臉書同溫層洗版，她才開始關注，好奇著怎麼有人摔倒竟然比拿下金牌或排名更令大家感動，開始去研究整件事的來龍去脈。

比賽當時我也坐在電視機前觀看轉播，我從未看過那麼成功、帶給大家那麼多啟發的失敗。敢冒失敗風險，一心想著怎麼贏過自己的羽生，光是心態就贏了。羽生本人在賽後表示：大家記憶中的可能是在索契冬奧、平昌冬奧成功的羽生吧，但一路在競賽場上走到今天，許多次看到了自己心中的深淵。人生並不是只有得到回報這件事，沒有得到回報的現在也是幸福的……

我們是否能不要糾結於結果，轉而去感謝那個曾經努力過的自己，以及即使結果不如預期，也能正視自己在這段經歷的感悟與學習？

當我們把目光放在自己身上，想著怎麼讓自己更好，那會是驅動自己的力量。

職棒明星鈴木一朗就曾說過：「要比較的人，永遠是自己。」

如果總是將自己和別人做比較，那是沒完沒了的起心動念：一部戲劇裡只要加了「比較」的元素那就不擔心沒有後續的進展，因為「比較」生「計較」，「計較」生「怨妒」，然後沒完沒了的暗黑下去；比較之後所產生的嫉妒，會讓我們受控於消極與怨恨，充滿負面的思維。

拚命去做比較，反而讓人看不見自己的好。
他人成就的背後也是他付出努力的結果，
最重要的是，要相信自己的價值不是比較出來的。
不比較，不計較，人生可以走得比較輕鬆自在。

C H I L I N G

優雅小提醒

- 相信自己的價值不是比較出來的。
- 把目光放在自己身上，想著怎麼讓自己更好，而不是去計較他人的眼光。

015

願意看見他人的好

試著放大他人的優點，
我們的日子就會過得比較自在，
因爲沒有人一定要活到我們的期待值。

一位從時尚圈離開的攝影前輩，現在過著怡然自得的平靜生活，我問他可曾想念過時尚圈的什麼？

畢竟他之前去過不少國際時裝大秀，拍過很多一線明星，也在許多不可思議的景點拍攝霓裳名模，職場生涯十分風光。

沒想到他跟我說，那些過往雲煙不值得一提。

他最想念的是和他一起奮戰、情同家人的夥伴。

這群夥伴都跟我很熟，我們可以說是從新人時期開始合作，彼此看著對方一起成長的。

他們每個人的個性差異都很大，有的非常急躁、要求效率，有的將「拖拉」視為日常，總是要搞到機場 last call 或是大家即將爆發才會出現。不過，當年令人頭痛的瑣事經過時間的沉澱，都成為可以笑談或互相吐槽的回憶了。

曾經絢爛的風光場面會在記憶裡模糊褪色，或不再有意義，放在手機裡想起來時滑滑就好。

但是能夠擁有和自己一起逐夢的夥伴，記住自己曾經的樣子，一坐下來就有聊不完的話題，真的是種可遇不可求、未必每個人都能擁有的人生財富。

我很喜歡和他們一起聊天，也非常羨慕他們的友情。尤其他們都看過彼此最真實、不堪、再醜也不意外的一面，能夠互相依靠信任，看見彼此的好，那種可以無所不談、不需設防的「鬆」，真是舒服的最高境界了。原來擁有好朋友是最長久的人生財富呀。

在我身旁也有一位和我工作長達十五年的夥伴，人非常老實，這是他最好、可能也是最大的優點。但是在我工作生涯中幾次大烏龍，或上新聞熱搜，竟然都是這位最親近最老實的工作夥伴造成的。我身旁的工作人員都非常害怕他出錯，私底下偷偷稱他為豬隊友，因為豬隊友的戰績真的不勝枚舉，其中包括我躲躲藏藏去了這麼多次醫院，但他竟然去辦事時，不小心手中拿著我的病歷，在光天化日之下被狗仔隊用長鏡頭拍到。（天啊～）😳

認真的危機處理完，也只能提醒自己看見豬隊友的優點，他老實沒心機可以信任，我知道他不是故意的，只是神經線條很粗。畢竟我所生存的就是這樣防不勝防的環境，我自己應該萬分小心，而且我向來不覺得指責或埋怨，對處理事情會有任何幫助。

一旦看見缺點，缺點就會越來越多。

一旦停止看見別人的好，只會讓他的缺點不斷放大。

反而是鼓勵他人的同時，自己也會傾囊而出的拿出正能量去思考，當你在闡揚別人的優點時，你也會認真的去著墨這個人的可愛之處。

我喜歡鼓勵別人，當你的每一句善意鼓勵和誇獎鼓舞了對方，都會讓自己也更快樂。

我的每一位助理，在我生命中都很重要，
我看見他們的可愛，看見他們的好，
就算失誤了，我們也一起面對。

肯定對方，闡揚別人的優點時，
你一定會更認真的看到他可愛之處。

當然，如果真的很重要的事情，
下次請找神隊友加入比較靠譜。

C H I L I N G

優雅小提醒

- 試著放大他人的優點，而不是缺點，
  我們的日子也會過得比較自在。
- 肯定他人、闡揚別人的優點時，
  會更認真看到他的可愛之處。

016

出口不成傷

發洩情緒的話語，有可能是一把割傷人心的利刃。

說者無心，聽者有意。有時候不經意的話語都有可能傷人，更不用說是發洩情緒的話了。

小男孩釘釘子的故事，或許大家都有聽過。

經常對人亂發脾氣的小男孩，讓他爸爸很擔心，於是與他做了約定，每當他發脾氣的時候，就要在家門前的木柵欄上釘一根釘子。木柵欄上釘子越來越多，看到密密麻麻的釘子，讓他覺得很羞愧。

最後的最後，即使柵欄上的釘子全被拔掉，上面仍充滿了痕跡。爸爸摸著他的頭對他說：「釘子雖然拔掉了，但留下的痕跡卻無法抹平。我們對別人造成的傷害，也像這樣。」

容我將耳熟能詳的細節快轉過去，這個故事讓我印象最深的地方是非常具象的，指出凡走過必有痕跡，即使是無形的情緒、言語，也不例外。

人心其實比想像中敏感脆弱得多，要不然就不會出現那麼多教大家要有「不在乎的勇氣」、培養「鈍感力」或是各式各樣的心靈雞湯了。

有一次在和朋友的聊天中，才發現多年前我們一起出席的場合，她對於別人無心的一句話耿耿於懷，覺得自己不被重視。隨著時間的推移和成長，她明白自己當初不需要那麼在意，竟然為那句話難過了很長一段時間。我也是在聽她描述往事的時候有所警覺，原來，一句話即使出於無心，也會無心插柳的在別人心中長出一片陰影。

人的情緒不可能永遠都是正面、樂觀、開開心心。

所以有些人不想囤積負面情緒，就選擇快速的丟出來。

他會說沒辦法呀，悶在心裡會生病嘛。自己的個性不走壓抑路線，脾氣來得急去得快，請大家不要介意。

但當大家被他嚇得傻眼時，他真的已經沒事了，

只剩下一堆在原地瞠目結舌的人，各人拔各人心裡的釘子，

被他影響越久的人就扎得越深。

因為，你以為自己有權利可以這樣傷人。

但是沒有人有權利可以這樣做。

有位導演曾經說過，多年來他只發過一次很大的脾氣，當時他大罵現場又用力摔手裡的劇本，最後他發現，他還是得重新坐回導演椅上，先收拾被他自己搞得超尷尬的殘局，再開始導戲。那種尷尬到恨不得想從現場消失、又不得不面對大家的場面，他再也不想經歷第二次了。

脾氣真的快控制不住，像野獸一樣要衝出來時，可以先問自己第一個問題：我的情緒來得合理嗎？如果過不了「合理性」這關，就趕快將情緒收回去。

再來是：我的情緒該找眼前這個人負責嗎？如果向無辜的人發洩怒火，那可是絕不能犯的錯。

最後一個問題是：能不能換個好一點的表達方式？

如果善用這三個步驟，就不會上演事後懊悔，或釘了釘子在別人心裡的場面了。

試著用溫和的語言溝通，不要用憤怒的言語遺憾。

出口不成傷，

可以轉身，也可以轉念。

C H I L I N G

優雅小提醒

- 試試「控制情緒三連問」，
  讓自己練習理性回應。
- 用溫和的語言溝通，不要用憤怒的言語遺憾。

017

對他人寬容就是放過自己

不把他人的過錯或傷害放在自己心裡，
才能騰出心的空間，
裝進其他快樂的事。

法國文豪雨果說：「世界上最寬廣的是海洋，比海洋寬的是天空，比天空更寬闊的，是人的胸襟。」

每個人都想要快樂，然而，人往往更容易記得的，卻是痛苦與傷害；往往更在乎的，不是自己擁有什麼，而是自己失去了什麼。

把傷痕像是寶貝般的藏著，念念不忘那些別人加諸在自己身上的，然後憤憤不平，然後怨天尤人，然後讓自己的人生在恨意中耗損。

一位工作上的朋友，前陣子結束了一段很長的戀情，最終沒有步入婚姻的殿堂，她說她已付出所有青春，也試過很多方法轉移心中的怨懟：瘋狂購物、改變造型、上健身房……讓自己別想太多，窩在家裡追復仇劇，邊看邊罵邊笑邊流淚。她說這些都有幫助，但最後讓她釋懷的，竟然是兩個與感情毫不相干的故事。

一個是立志要向殺父仇人報仇的武俠劇男主角，他吃了非常多苦，四處拜師學藝，在他眼裡看不到其他任何的美好，一心一意只為了這個目標而活。

當他武功蓋世、闖蕩江湖，終於遇到了弒父仇人，卻發現對方已經是個垂垂老矣、不堪一擊的老人，甚至無需他動手就離死亡不遠了。他回想自己這一生到底為何而活，只是惆悵。

還有一個是在網路上，出自演講裡的故事。這位講者說他小時候跟母親一起去撿麥穗，當看守麥田的人出現，撿麥穗的人紛紛逃跑。裹著小腳、跑不快而被捉住的母親，被身材高大的看守人摑了一個耳光，搖晃著跌倒在地。

多年之後，在市集上母親再遇到那個看守麥田的人，他已成為白髮蒼蒼的老人。母親拉住身邊正想衝上去報仇的兒子說：「那個打我的人，與這個老人，並不是同一個人。」

朋友跟我說，看了這兩個故事，她意識到時間才是關鍵。抱著怨念而活或抱著寬恕而活，都是自己的選擇。想到自己若不選擇釋懷和放下，只是把自己的時間和人生用來難過與糾結，賠在終有一天也會老去並與她已經沒有交集的人身上，這畫面讓她覺得好空虛、很不值。

我聽過有人把時間當作解藥，
時間確實可以淡化很多事情，
請跟自己說，時間和人生是你寶貴的資產，
心裡被過錯、傷害、怨懟填滿，
就裝不下今天美好的事物了。

那麼，現在放不下，就晚一點放下。
今天放不下，就明天試著放下，一點一點的，
找到屬於你內心的寬容，將它從心裡移開。

放下是一種寬容，不只是對傷害你的人，更同時是對自己寬容的選擇。被傷害已經很痛了，何不就讓傷口好好結痂，不要反反覆覆拿出來折磨自己。

對他人寬容就是對自己寬容，放過他人就是放過自己。選擇了仇恨，你將會永遠活在黑暗中。請將一切的痛與怨，轉換成對自己更好的正面力量。

對別人寬容也就是放過自己，
用更開闊的心態，去打開另一道讓自己通關的門吧。

C H I L I N G

優雅小提醒

- 人生可貴，心裡被過錯、傷害、怨懟填滿，
  就裝不下今天的美好了。
- 現在放不下，就晚一點放下。
  試著一點一點的找到內心的寬容。

018

不慌不忙，不委屈

妥協是雙向的溝通和學習，
不是失去自我立場的委屈。

有人說，人生是一種妥協。在每一種關係裡都有一種讓步。我覺得用在最親近的人身上，這是一種必須與美好的學習。

但是如果是受到委屈，請勇敢的、好好的表達自己的想法。

國中時期因為要參加聯考的緣故，日子不僅過得很緊張，也不太敢表達自己的想法。然後到海外高中求學時，我修了一堂微積分課程，有一次老師因為不滿意班上大家的成績，發考卷的時候每個都用拋物線的投球方式，看可不可以準確的丟到你的眼前。當時的我很努力的讀書，幾乎把所有心思都放在準備考試，成績也算理想，結果考卷還是以拋物線的方式落在地上。我不知道自己怎麼鼓起勇氣，拿起落在地上的考卷，跟老師說：「老師，請您不要用丟的，謝謝。」從那次之後，老師都會把考卷好好的拿給我。😳

那時的我其實很內向的，英文也還不夠好，這件事對我來說已經是一種自我突破了，好像有什麼光源從我心裡開始甦醒、破繭而出。從那次之後，身體裡的小英雄都會叫我一定要說出來好好表達自己的立場。

面對不公平的事情不卑不亢、不忍氣吞聲的經驗發生過不只一次，但最戲劇化的是有一次和團隊去法國拍攝的時候，入住小旅館的老闆竟然將我的工作人員反鎖在飯店房間裡面，當然包括我們所有的行李和證件，起因是拍攝用的禮服掛在衣櫥裡被偷了。正詢問他們該如何解決，他們不但不承認，還反指責我們工作人員房內的小桌有一個汙漬需要賠償。更誇張的是，不經溝通擅自將三位工作人員反鎖在房間裡，這應該已經涉及所謂的人身自由吧！

當時我全身穿著最時尚的造型，正坐在遊樂場的旋轉木馬上拍照，聽到這件事，二話不說立刻找警察到現場，並請領事館的人來幫我們作證。你能想像穿著蓬蓬短裙、頭上戴著羽毛帽、一身盛裝的我和警察站在一起說明的樣子嗎？

飯店要求先賠錢才能夠放人，我想一般為了確保人身安全就會付錢了事。但是有警察在旁做筆錄，我們很問心無愧，不卑不亢的告訴他，我們並沒有破壞任何飯店的東西，反而是物品遺失了，請他們調查。類似這種在海外被欺負的事情一定層出不窮，怎麼可以讓他們得逞繼續去欺負其他人呢？

冷靜清楚的面對與表達才是對自己的尊重，這種時候的志玲姊姊可沒有在柔軟或溫柔的喔。👀

當然，除非環境是危險的，也請謹慎評估。

一定要記得，有多少能力做多少事，也是瞭解自己、尊重自己的表現。

時間與經歷教會我們的，應該就是不慌不忙，

淡定從容的，不委屈的面對。

C H I L I N G

優雅小提醒

- 受到委屈，請勇敢的、好好的表達自己的想法。
- 冷靜清楚的面對與表達，才是對自己的尊重，
  當然也需要謹慎評估環境是否有危險喔。

019

換位思考同理心

體諒，是一種對他人的尊重，設身處地、爲人著想的修養。

小時候你有沒有玩過一種遊戲？就是一個人分飾兩個角色，也許是自己和你的小熊玩具、布偶娃娃彼此對話，把它當成你第一個交到的好朋友。然後當我們長大一點，也許是開始約會的時候，你會不會也試著想像第一次約會時的過程，心儀對象的反應呢？

換位思考其實是我們從小與生俱來的能力，就是站在對方的角度來看，站在對方的立場來想。

但曾幾何時，當我們長大了，卻好像慢慢失去了這種能力，我們被訓練成從自己的角度三百六十度出發，放大了自己的需求。

大部分人吵架時常常會說：「你都沒有為我想，你都沒有幫我做，你永遠只想到你自己！」

然後自己陷入了受到無限委屈的情緒當中。

如果在每一次指責他人前，我們來玩個換位思考的遊戲呢？

問自己：如果我是他，我會怎麼想？

當我們只站在自己的角度看問題，很有可能忽略了對方的想法和感受，而所謂的同理心，就是試著去感受對方的感受，體貼對方的需要，站在他的立場去考慮同樣的問題。

體諒，是一種對他人的尊重，設身處地為人著想的修養。但是親愛的！我們並沒有要失去自己，更不是要你委曲求全，只是能夠透過換位思考去相互理解、減少摩擦、不斷磨合，進而更加了解、尊重、珍惜彼此。

有時面對著媒體提出的刁難問題😳，我會想著這是他的工作。

如果有一個答案，他可以收工，我也就可以收工了。

如果過了幾年，他們還都是一樣的問題，譬如志玲姊姊怎麼還不結婚，（I really have no answer 😕）

我還是一樣會笑笑的回答：「老公沒有使用我的導航迷路了呀！」然後我們就可以收工了。

拍攝工作中，有時會有其實根本挑不出毛病的畫面，廣告客戶會希望還是要再來十種重新的創作要求，我也會告訴自己，這是他們的工作職責，他們就是可以有各種想法、提要求、挑毛病，一點都沒有錯！那我當然要用我的專業去告訴他們，我可以有十種創作喔。

你一定也有些時候會覺得都什麼年紀了，爸爸媽媽還在管你，但這就是父母親呀！如果能站在爸媽的立場想一下，也許你會覺得滿窩心的，至少有人永遠在乎你。

所以當你想要指責他人的時候，停一下，我們玩一下角色互換的遊戲，也許你就不會說出那麼重的話語。

有了同理心，有了邏輯性，有了理性與感性，每次與他人的互動就更可以增加彼此的緊密度了。

這樣的相處就會
比較舒服😍

C H I L I N G

優雅小提醒

- 在每一次指責他人前，試著換位思考，
  站在他人立場考慮同樣的問題看看。

- 體諒，是一種對他人的尊重，
  設身處地為人著想的修養。
  但沒有要你失去自己、委曲求全。

020

心態決定一切

我始終相信，
將心力放在哪裡，
我們就會成爲怎樣的自己。

我們真的無法改變他人，
我們只能改變自己，
或是改變自己的心態。

曾經，像片羽毛飄行於世界各地；不放棄在一路上看遍各式風景，不放棄吸收各種正能量。更從不放棄告訴自己，只要心態改變，環境就會改變。

工作的關係，會遇到各種各樣的狀況，比方拍攝實境秀要接受鏡頭二十四小時無間隙的監控；工作行程撞期連續三天沒有睡眠；零下的溫度穿著夏天的衣裳。有人會問，不辛苦嗎？為什麼還要做？

我的答案總是，一輩子就這麼一次，為什麼不？

同樣的，對一件事情的看法，也會因為一個轉念，而有了不同的心境與收穫。

在義大利佛羅倫斯收工的最後一晚，大家惋惜「只」剩幾個小時就要回程了，而我總是心裡想著，耶！太好了！我們「還」有幾個小時可以享受眼前的美好。這是兩種截然不同的概念，當你願意感受，你就會擁有。

我曾經遇過一個小女孩，需要步行三小時才能從家裡走到學校，在深山當中，大家都覺得直接去種田幫忙家務之後結婚生孩子，不需要有什麼太大理想。我永遠記得女孩雙眼中的渴望，對著我說她想要到大城市念書！這也啟動了我開始蓋學生宿舍的念頭，讓他們可以有安全的環境專心學習。幾年後回去找她時，村長說女孩成了村裡的驕傲，考到了大城市的好學校，順利就學升學。

心態決定一切，也決定你的未來。

在忙碌的工作狀態中，我會練習給自己的心一點空間，和自己好好相處。我覺得生活能不能過得自在，端看自己的心態，面對人生不斷的變化，更要讓自己的心朝著好的方向去，學習選擇快樂。

人生，擁有的是多或少，其實沒那麼重要，

而是看我們用什麼樣的心來面對我們所擁有的這些。

如果你追求的是成功，你會每一步得失心都很重。

如果你追求的是成長，你會每一步都充滿滿足感。

畢竟，心態可以決定一切！

C H I L I N G

優雅小提醒

- 心態改變，環境就會跟著改變，
  心態決定著你的未來。

- 只剩下什麼，或是還擁有什麼，
  端看自己的心態怎麼想，
  一個轉念就會有不同的心態和收穫。

Part

3

打開視野的格局

021

我的 LEADERSHIP

培養屬於自己的思考力與創造力，
做自己人生的主人。

在我的記憶裡，小時候印象最深刻的就是清晨的墨香，也就是爸爸早上放在我枕頭旁邊的家書。

許多女孩小時候，打開衣櫃可能是滿滿的美麗衣裳，還有香噴噴的香水氣味，而我的衣櫃卻是貼滿了爸爸用毛筆寫下的家書，當我每一次打開衣櫃要換制服的時候，就會充滿了書卷氣。

我的父親用家書的形式，教會了我「自律、自重、自愛」。而父親所寫的家書其中一篇，更是成為我的人生座右銘，那就是「Leadership」。

在字面上的意思，大家都知道就是「領袖能力」，但其實呢～「Leadership」的每一個英文字母，也都代表一個意義，伴隨著我長大。隨著年齡的增長，在每一個階段都會有不同的理解與體會。

也同時會在每一個階段提醒自己，

要培養屬於自己的思維能力與創造能力，才能做自己人生的主人。

要怎麼樣才能做自己人生的主人呢？
讓我們一起來看看「Leadership」是由哪些英文字母所組成的！

L＝Love 愛

「愛」是一切事物的根源，從愛自己開始、愛家人、愛朋友、愛團體、愛社會，延伸到愛整個環境還有世界。以愛為核心，畫一個小小的圈再往外畫成一個大大的圈圈，愛就是一切的基礎。

E＝Education 學習

「學習與教育」非常重要。我們都要永不停止的努力吸收知識，累積生活的體驗與生命的智慧，總有一天，你的知識圖書館一定可以為你的人生加分！

A＝Action 行動力

一旦有想法與夢想，那就要「付諸行動」去實踐，千萬不要因為害怕失敗而遲遲不敢行動。不要錯失任何可能實踐目標、改變人生的機會。

D＝Determination 決心

做事情一定要有「決心」，當然我覺得 Dedication、Devotion 也會是很好的註解，也就是忠誠，包括做事有堅持，也要懂得貢獻、付出還有忠誠度。這代表著做事一定要有「決心」，不論遇到多麼困難的挑戰，只要有決心與恆心才有可能迎刃而解，堅持到最後，你就是勝利的那個人，千萬不要半途而廢喔！

E＝Enthusiasm 熱情

記得要對這個世界充滿好奇心，不要當一個漠視的人，看待人事物都要保有高度「熱情」，有好奇心、有熱情才會有感受度，就能隨時保持能量去迎接所有的挑戰。

R＝Relationship 人際關係

好好珍惜自己身邊的親情、友情與愛情等等「人際關係」，這些都是維持人生和諧、有幸福感的來源喔！

S＝Sincerity 真誠

我們要做一個「真誠」的人，從內心出發，真誠的對待身邊的人，讓別人也能感受到。不要害怕去相信他人，只有先付出你的信任，真誠對待才能得到相同的回報。

H＝Humility 謙虛

Be humble～希望我們不論什麼時候都可以保有「謙虛」的特質。不論你的成就有多大，我們一起學習把話說小，把事做好，並永遠懷抱著感恩的心。

I＝International 國際觀

隨時關注世界正在發生什麼事，好好吸收不同國家的優秀歷史文化，培養「國際觀」，並多元化的拓展自己的視野。

P＝Preparation 準備

我們都知道機會是留給「準備好」的人。累積自己的能力與實力，當機會來臨時，你就是那個準備好抓住機會的人。

最好的 Leadership 不是在一群人面前做給人看的，而是當你自己一個人為了生命而努力的姿態和行動。

我們無法改變生命的長度，但是我們卻可以掌握生命的寬度，只要豐富我們的生命、堅持自己的信念，一步步去實踐，就能幫助我們在人生旅途中找到一個正確的方向。你，就是掌握自己人生的主人。

C H I L I N G

優雅小提醒

- 最好的 leadership 不是做給人看的，
  而是為了自己生命而努力的姿態和行動。
- 在每一個階段提醒自己，
  要培養屬於自己的思維能力與創造能力，
  才能做自己人生的主人。

022

誠信待人，是最好的名片

眞實，眞誠，眞心，眞情。
一次失信，就彷彿鏡子上多了一道裂痕，
再也無法修補成原來的樣子。

記得有一次去一個偏遠山區的小學探訪的時候，我好奇的問小朋友們說，你們覺得什麼是做人最重要的事呢？我當時心想，他們應該會回答禮貌之類的吧。結果一個小男孩，睜大著他非常純淨的雙眼對我說：「誠信啊，誠信是最重要的！」

是的，誠信。

一個深山的孩子都能理解誠信是做人最重要的基礎，為何在我們的社會中，卻反而怯於去相信「相信」這件事？總是覺得要別人先付出信任，再決定自己要不要付出，但這明明就是互相的啊。如果自己都不願意付出誠信，又如何可以得到他人的信任呢？

誠信，誠實與信任。

我覺得信用是一個人最大的資本，是一個人人品的表徵。一個以誠信待人的人，必定容易得到他人的信賴與尊重，而不重視承諾的人，則很難和人建立起固定的合作關係，更不容易維持自己的聲譽與信用品質。如果因為失信而導致失敗，日後想再與人重新建立起信任感，一定難上加難。

一次失信，就彷彿鏡子上多了一道裂痕，再也無法修補回原來的樣子。

當然，我也曾經有過不只一次付出信任、結果卻讓自己失望的經驗。比方資助弱勢的朋友，已經將捐款捐出了，卻發現資助對象也向其他機構申請了補助。我的夥伴就會問，既然這樣，為什麼還要繼續相信呢？我說，我們當然還是要選擇相信啊，否則很可能會因為不相信而錯過真正需要幫助的人了。當然這也促使基金會有了更嚴格謹慎的補助審核機制。

我告訴自己寧願自己錯了，也要選擇相信。

而且我總覺得，老天爺一定是要告訴我們，誠信才能長長久久，欺騙或許會讓你獲得巨大的回饋，但那只是一次性的。

只有誠信，才能如飄散的芬芳，不斷開花結果，源源不絕收穫豐碩的果實。

工作環境如是，感情亦同。

「信用」好比存款，每一次的承諾，就好像提領了一些存款出來，當實踐了承諾，就可以儲存「信用」。

有些人或許覺得，答應別人的小事沒做到，沒什麼大不了的吧，但是，當你提領太多「信用」存款出來，卻補不回去，等到某天存款見底時，就得借貸度日，那麼你在朋友圈或工作圈，漸漸就再沒有「資本」可以生存下去了。

好好累積自己的「信用」存款，

讓自己踏實坦蕩的把人生的路走得又長又遠。

C H I L I N G

優雅小提醒

- 誠信是一切的基礎。
- 不要以為小事失信無傷大雅，
  一旦累積至信用破產，就再也沒有資本了。

023

氣度決定高度

心有多大，
世界就有多大。

你用什麼樣的角度看待發生的事情？又是用什麼樣的態度，面對人生中必然會有的起起伏伏？在別人或許真心或許蓄意的批評中，你用什麼樣的表情面對？而你又是否有足夠的氣度，去面對所有的未知⋯⋯

「氣度，決定高度！」這是我很喜歡的一句話。因為唯有擁有足夠的氣度，以及正向面對人生的態度，才能在人生的修養課題中，取得一定的高度。

氣度與態度，同時決定了一個人的格局，
而格局則反映了他對萬事萬物的接納程度。
我覺得格局指的不是簡單的走出去看世界，
也不是片面的見多識廣，或者單方面的增長知識，
而是要建立起與世界自在相處的方式。

人生舞臺不是在追求財富與名聲，
不是在追求成功，而是在追求成長，
是看如何能夠讓這個舞臺生動豐富、多采多姿。

「心有多大，世界就有多大。」
如果你有勇氣將夢想想得大一些，想得更大一些，
你才有可能讓自己踏上更大的舞臺。

我認識一群阿美族原住民小朋友所組成的北埔國小舞蹈隊，他們以上帝賜予的天賦和奔放的細胞，舞動出原住民的美！小朋友更是很有志氣的希望將原住民舞樂的種子發揚光大，可以從美麗花蓮的天空走到另一片更廣闊世界的天空。他們把這樣的夢想，放到每天的練習當中。最後這群孩子以自身的努力，用最優美的舞姿登上國際的舞臺，獲得各國舞蹈藝術家的讚賞！這些年來，他們更受邀去了巴西、法國、大陸、英國等不同藝術

節演出。透過他們的表演，讓世界看見了臺灣，也傳承了臺灣原住民的「樂舞文化」。

你的氣度，讓自己決定了你的高度，當你擁有一顆不受限的心，你於是擁有了自由。它會讓你更有自信，並且更加坦然的笑看所有得失，豐富自己的格局，然後找到你與這個世界最舒服的相處方式。

我眼中的氣度就是，
不攀權附勢，不降格以求。

不要綑綁你的心，不要因為害怕而為自己設限。
在人生舞臺上做精彩的自己；
做一個無論在任何情況、任何地方，都能夠隨遇而安、發現無限可能的自己。

C H I L I N G

優雅小提醒

- 不降格以求，不為自己設限，
  盡可能去發現自己的無限可能。
- 放大、豐富自己的格局，
  找到你與這世界相處最舒服的位置。

024

放下，也許有更好的轉彎

啟程再出發，
而不是原地踏步。

當我遇到問題時，我有一個反射性的口號：

「面對、解決或放下，然後啟程。」

其中並沒有逃避的選項，因為逃避等於原地踏步，

我也不覺得一定要找人來負責承擔錯誤就是解決的方式。

我們的人生，本就是一個要不斷下決定或解決的過程。

而最終你會理解，要負責任的就是自己，沒有人可以全程幫你。

二〇〇五年，我在大連拍攝廣告時發生了一場嚴重的意外。當時我所騎的馬，原本應該是在平坦的草原上奔馳，但卻突然不受控制往森林的方向瘋狂奔跑。

其實我不是被摔下來的，

我是在馬快要進入森林的前一刻，決定跳下來的。
那一刻我知道，只有跳下馬我才能夠保護我自己。

在一秒當中你所做的決定，決定了你的未來。

當然之後就是一片空白，好像身體靈魂去了一個別的世界。我醒來時，看到的白色牆面有很多血跡，確定了我在醫院。我隱約聽到旁邊醫生的討論：六根肋骨七處斷裂性骨折，再往上一公分是心臟，就沒得救了。
好，那我至少可以活著。

每天面對白色的天花板。

身體承受著巨大的疼痛，每一口呼吸都在痛。

恐懼、未知、不安，但是我一滴眼淚都不敢掉。因為如果哭了身體抽搐一定更疼痛。

我要用所有的精神修復每一顆細胞，我一定要復原。

經紀公司以及家人對於誰該負責、誰該解決，有著來來回回的討論。當然也包括大律師的各種建議，覺得這個案件太受矚目，必須要訴訟索賠。因為當時還是小模的我，連基本保險都沒有。

記憶中，我用了非常微弱的力氣說：「都不需要，請大家放手。我會自己好起來。」

這真的不是一個最好的例子，但確實是我生命中，遇到最大的一個挫折和難關。沒有人能夠解決，連我自己也不行。

那次我的選擇，就是放下。

解決，或者放下，看似說得輕鬆，但中間可能會有著很多很多的情緒轉折，無助、慌亂、恐懼、不安……，
也有可能是對人或是對自己的失望，在心裡反覆不停的播放。

但其實很多時候，是我們被自己給困住了。

複雜的或許並不是問題本身，
而是我們心裡有各種情緒在它周圍蔓延滾動。
結果時間和精力沒有放在問題的解決上，
而是來來回回的跟情緒角力與較勁，自己跟自己過不去。

解決，給了自己成長的機會；
放下，給了自己解脫的機會。
然後無論腳步是沉重、堅定或者輕盈，

最終都能好好的啟程前進。

不要害怕做決定，遇到挫折時，我們可以從容淡定面對，
只有這兩個選項：解決或是放下。
請不要為難自己陷入原地踏步的漩渦。

我一直相信，
老天爺給你多大的困難，
就會給你多大的智慧。
擁有放下的格局，
放下，也許有更美麗的轉彎，轉身看看另一片天空吧。

C H I L I N G

優雅小提醒

- 遇到問題時，面對、解決或放下，然後啟程。
  其中沒有逃避的選項。

- 解決，給了自己成長的機會；
  放下，給了自己解脫的機會。

025
臨機應變，淡定使危機變轉機

變動，
是生命中唯一不會改變的定律。

在一次經銷商大會當中，我依照以往慣例仔細理解客戶需求，認真閱讀客戶的商品資訊。

在商品介紹中有一些非常專業的詞語和數字，需要反覆推敲與思索，現場的工作人員跟我說不用擔心，到時會有大螢幕，直接照著上面的字幕念出來就可以了。

我回答說：「好的喔。」不過，我還是趁著化妝空檔不斷翻閱資料尋求理解，在弄懂這些專業術語的同時，也將這些文字牢記在心中。

當一切準備就緒，大會正式開始，我換上美美的造型，做了開場、秀了產品之後，對著臺下的朋友說：「請看大屏幕。」但令人傻眼的是，不管怎麼 cue，螢幕上的畫面就是不出來。😳

真的好尷尬，偏偏這又是非常重要的重點資訊，不能就這麼跳過，於是我趕緊喚出剛剛熟讀的記憶，告訴自己不能慌，強自鎮定的在臺上娓娓道來，最後靠著我念書背考題時的記憶力，讓活動得以順利完成。

沒有百分之百肯定的舞臺，總是會有一些狀況。就算彩排過，沒有到最後一刻，都無法保證能夠完全的順利進行。

表演的舞臺是如此，人生舞臺又何嘗不是。在發生狀況時，與其去追究指責錯誤，不如靠自己將危機變為轉機。如果可以做到，肯定每次都能為自己更加分。

寧可備而不用，好過狀況發生時的不知所措，讓自己始終都在 ready 的狀態。

那一天，我慶幸自己做了比要求更多的功課。

危機，代表著變化，就算是百分之一的機會，都是機會。不一定是最強的人，而是懂得面對危機的人，可以努力改善現況，走過低谷。

C H I L I N G

優雅小提醒

- 在發生狀況時，與其去追究指責錯誤，
  不如靠自己將危機變為轉機。
- 平時花超過一百分甚至一百二十分的準備。
  誰知道呢？備而不用好過不知所措。
  或許真有派上用場的一刻。

026

懂得把光環給別人

懂得把光環給予他人，成就他人的同時，
溫暖的光也會照耀自己。

所謂「初生之犢不畏虎」就是我本人吧。

記得才剛入行就第一次破例以新人之姿，主持金馬獎典禮。當時在康永哥的構思之下，成就了一個經典橋段，那就是對兩位天王巨星劉德華和梁朝偉獻上「愛的抱抱」。

沒有任何主持這類大型典禮經驗的我，這一抱可以說是幫我推上了媒體注目的焦點（感謝🙏）。整個典禮能夠順利的進行，真的要歸功於那時的主持搭檔康永哥，他很像一位站在臺上的導播，掌控了一切的鏡頭與流程。

後來我觀察他，發現他總是會把自己放在一個守護的位置，讓光環焦點集中在其他人身上。在演藝圈，大家會搶C位、在乎出場排序，像他這樣有著願意幫別人打光氣度的，還真不多。從他身上也讓我深刻的學習體會到，即使在同一個畫框，也可以放低姿態，不爭不搶，適度表現自己，大方突顯他人強項，將光環給予他人，整體效果好，就會共同出彩。

生活當中，其實也要懂得適時的把光環讓給他人。

我也有這樣的朋友，事業做得再好、再大，聚會時總不聚焦於自己，很有溫度的注意到他人的近況，關心問候也順勢表揚，讚美而不奉承，真誠而不失分。讓每一次的聚會，每位朋友都可以感受到被重視，而且每個人都是主角，都很溫暖。

不搶功、不浮誇；

把話說小，把事做好。

把光環給他人的同時，

其實溫暖的光也會照耀到自己。

C H I L I N G

優雅小提醒

- 不搶功、不浮誇，把話說小，把事做好。
- 學習做一個把光環給予他人的人。
  成就別人的同時，也溫暖了自己。

027

謙遜，埋在地底的大山

成功時不驕傲，失意時不自卑，
謙遜的品格就已經離你不遠。

很榮幸的曾經有一次和凱特．溫斯蕾（Kate Winslet）合作拍攝浪琴廣告的機會。當時的她，聲勢正如日中天，然而在現場，她不但沒有絲毫的驕氣，還親切的照顧每一位一起表演的演員感受，讓每個演出者都可以有最好的鏡位。同時她也謙遜有禮的詢問導演，拍攝細節需要注意哪些事，並在大豔陽下很敬業的走位，謙虛的態度贏得現場所有人的尊重。我當然也是帶著冒著愛心的雙眼在看這一切。♡

其實，如果你仔細觀察，會發現越是取得偉大成就的人，往往越不會放大自己，不只是因為他們懂得謙遜之道，也同時是他們在各自領域中不斷往前探索時，深刻感悟到在浩瀚世界之下，自己的不足，個人的微小，於是願意垂下頭，因為還有太多可以成長的空間。

謙虛的人，把世界看得比自己大；

驕傲的人，眼中卻往往只有自己。

總是以自我為中心的話，對他人、對事物就容易產生不耐煩，無論做什麼都聽不進別人的意見。

謙虛的人，以虛懷若谷的姿態贏得他人的敬重；

驕傲的人，總是盛氣凌人，引人反感。

謙虛並不是要你處處強調自己能力不足，而是深刻理解，每個人都有自己的優點，沒有人是一無是處；而每個人，也都有著自己的短處。

只要面對自己的優點時，可以自信表達，但不目中無人；

面對自己缺點時，嚴正檢視，願意改變，這樣就能認清自己的位置。

擁有謙虛的心態，能讓你一直保持高昂的鬥志，

往成為最好的自己前進。

C H I L I N G

優雅小提醒

- 成功時不驕傲，失意時不自卑，
  凡事不過度自我中心。
- 謙虛的人對自己的優點能夠自信表達，
  同時願意正視自己的缺點。

028

分享的快樂

因爲分享，
人生擁有了不一樣的價值。

有一個童話故事叫做〈花園的巨人〉。這個巨人擁有一座美麗的花園，花園綠草如茵，鮮花多彩繽紛，還有鳥兒啁啾鳴唱。有幾個可愛的孩子常跑來花園玩耍，他們的笑聲讓花園總是充滿生機。

有一天，巨人從遠方回來，發現當他不在時，花園變成孩子們的樂園。他憤怒的咆哮著：「這是我的花園！除了我，誰都不可以進來！」生氣的樣子讓孩子們都被嚇跑了。

於是巨人一個人住在花園裡，孩子們再也不敢來了。可是他漸漸發現，花園荒蕪了，花兒不再開，草兒不再綠，鳥兒也不叫了。巨人很傷心。

一個清晨，巨人聽見久違的鳥鳴，他疑惑的前去察看，發現有個孩子在一棵樹上玩耍，那棵樹竟然開花了，鳥兒又飛到樹上唱歌了。巨人終於明白，佔有與自私只能帶來荒蕪，分享與無私才能帶來美好。

他重新開放花園，歡迎孩子們來玩。孩子們一來，整個花園又恢復生機，到處繁花似錦，綠樹成蔭。巨人和孩子們也變成好朋友，每天都感到很開心。

「花園」代表著我們的心靈。如果我們的心中只剩「佔有」，身邊的人會遠離我們，封閉的心靈將變得冰冷又荒蕪。只有「分享」，才能讓心變得開放、溫暖與快樂。

曾經跟著世界展望會到非洲史瓦濟蘭探訪，我們前往一處愛滋村，那裡從老人到小孩都罹患了愛滋病。大部分的年輕人都離世了，由隔代的老人照顧著孩子們。孩子們雖然有病毒在身，仍開心的過每一天，當時我帶了糖果給孩子們，有個女孩並沒有拿起來吃，她把糖果捧在手心裡說要帶回去分給奶奶吃。

孩子們的堅韌和成熟，讓我的心很受觸動，
在那樣的生存環境，在自己都吃不飽的情況之下，
這些孩子第一個想到的卻是「分享」。
將糖果分享給自己最親愛的奶奶，那是一種好動人的愛。

分享有物質上的，當然也有心靈上的。

我曾經因為一個人生活太久，習慣封閉自己的心，
對家人報喜不報憂，有煩惱的事情更不知道怎麼和朋友分享。也是透過很多次媒體的採訪後，我發現這樣的自己很不健康。你不說，別人怎麼知道你怎麼想，事情可能更往負面的方向走。

於是我不斷的省視修正自己，試著把心慢慢的打開。
勇敢點，讓別人的關心進來，也讓自己走進別人的心。

在每一天日子結束前，姊夫會帶著我一起向上帝做禱告。
我非常喜歡每天的那一刻時光，
透過禱告，可以分享彼此的想法，分享彼此的感覺，
說出自己對於今天的感謝，分享更多更多生活的感受。
這對夫妻而言是美好的心靈交流，
你一定會發現，你變快樂了。

如果我們願意分享，我們一定不會一無所有。

C H I L I N G

優雅小提醒

- 分享就是～試著把心慢慢的打開，
  勇敢點，讓別人進來，也讓自己走進別人的心。
- 分享能讓心靈變得溫暖與快樂。

029

不抱怨的格局

抱怨是枷鎖，只會讓自己活在過往的日子。
學習知足滿足，
才會擁有剛剛好的幸福。

抱怨，有如戴上不滿的枷鎖，怨天尤人、憤世嫉俗。
所有屬於女人的可愛魅力與修養，
都會因為太愛抱怨而消失不見。

電影《赤壁》當中，我有一句對曹操說的臺詞：「丞相，你懷著滿滿的野心來到了赤壁，有人會將您掏空的。」（如一杯茶滿了就溢了，溢了也就流失了，也有可能就空了。）
野心太多，可能變成一無所有。
追求的太多，也可能最後一無所成。

你一定也有這樣的朋友，每次見到他都在抱怨同樣的人、同樣的事，每次都是重複同樣的話題。好像沒有見面的這些日子，被消失了……，過得和之前的聚會一模一樣。
這真的好可惜，他把今天活成了昨天，活成了過去同樣的每一天。因為他的心永遠走不出一些糾結的負面情緒，不知道該如何放下阻礙自己前進的包袱，邁開腳步向前走。

碰到這樣的朋友，我通常會認真再聽一遍，想想有沒有辦法讓他可以斷、捨、離掉這些令他生活在負面思考的人事物。

但有的時候或許是習慣吧，

抱怨，或許是他一種能抒發情緒、舒壓發洩的方式。

也沒有辦法阻止他，不抱怨好像真的很難。

而一個永遠在抱怨的人，也會慢慢失去身邊正向、本來想拉你一把的朋友。你會發現，你把自己放在一群同樣喜歡抱怨的朋友當中，大家一起陷入無止盡的抱怨比賽中，比較著誰過得最悲慘。

天啊~~千萬不要！

偶爾小小的抱怨當然可以，那就像脫掉一件洗不乾淨的衣裳，說完了、脫掉了，就換上全新的衣裳吧！

我有一位朋友，擁有良好的教育，以及專業，卻在三十而立之年，父親重病，他扛起了一切重擔，也放下了自己的燦爛未來和幸福。他說，負責就是一種承諾，雖然有時候我會有點心疼，想對他說，某種程度卸下責任也許是另外一種學習，也許你的父親捨不得你這樣過一輩子。

他說願意做也必須得做的事，就不要抱怨。

我非常尊重這位朋友，常常禱告希望他過得很好。

有一種人，越辛苦，他越努力。

有一種人，越困難，他越奮鬥。

把時間花費在改變自己，而不是花費在抱怨別人。

所以當他得到一分的收穫，

他就會深刻感激自己辛苦努力所得來的一分幸福。
而當他努力收穫了剛剛好的幸福，
就會覺得人生足矣，夫復何求。

懂得知足，感知幸福，
就不會充滿抱怨，不斷強求那看不見的「滿溢的幸福」，
因為他知道，也許必須放棄最珍貴的什麼，才能得到所謂滿分的幸福。
懂得擁有七分滿幸福的人，才是最幸福的。

想一想，
然後請在明天起床時重新歸零，
不要把每個今天都過得像昨天，
否則，你就真的對不起那些被消失的日子了。

C H I L I N G

優雅小提醒

- 走出糾結的負面情緒，放下阻礙前進的包袱，
  邁步向前。
- 把時間花費在改變自己，而不是花費在抱怨別人。

030

伸出你的手

當你有能力時，請及時伸出你的手，
或許就能擋住往下墜落的心。

熟悉和認識我很久的朋友們，給了我起了一個「小叮噹」的暱稱，緣自於一個冷笑話：因為小叮噹會在別人需要的時候伸出圓手（援手）。我很高興她們把這個「圓短身材」的綽號給了我。她們知道不管我人在哪裡、身在何處，有件事情是不會改變的，那就是需要我（小叮噹）的時候，我一定會在，而且會回覆他們一聲「好～」。

當他人有需要，伸手救援，不應該是天賦的本能嗎？因為及時伸出你的手，或許就能擋住往下墜落的心。

在我很小的時候，我們家剛從臺南搬到臺北，當時有一位做代工的阿姨在我父母親的公司打零工。這個阿姨家中的環境並不寬裕，並且因為癌症常常在醫院治療，但是她為人非常友善，和我們相處得十分融洽。

有一天，阿姨因為一些非常緊急狀況急需用錢，媽媽努力湊了些錢拿了幾萬塊給她，沒想到阿姨的孩子竟然將這筆錢給弄丟了！阿姨哭著對媽媽說抱歉，非常難過。媽媽知道這筆錢是阿姨家的救命金，於是二話不說又湊了一筆錢給阿姨。媽媽在我心中是一個最有愛最大方的人，媽媽的作法也深深影響了我，當身邊的人遇到困難時，首先是要去解決，而不是質疑或責備；如果你是有能力的，就不要吝惜給予幫助。

善的舉動，會讓平凡的日子生動起來，

平凡的生命，也因而迷人。

能夠用善良的光為需要的人照亮前面的路，你會發現這樣的善是雙向的，是可以延續的。就好像別人溫暖體貼的一個舉動或一句話，可能會對我們產生巨大的影響一樣，內心感受到溫暖之後，就能轉換成對生命與未來懷抱著希望與笑容，也會讓自己的心頭暖暖的，獲得一股前進的力量。

在終於成立「志玲姊姊慈善基金會」之後，

我們更應該伸出那一雙手。

夥伴們常常在討論著我們還可以做什麼，思考著那些被隱藏在所謂弱勢角落中的男孩女孩們，他們真正的需要是什麼。

然後我們發現大家會捐舊衣舊鞋，但幾乎不會有人捐舊內衣，因為內衣是非常貼身的衣物，於是我們去調查全臺灣育幼院與中途之家的青春期少女的需求，統計少女們的人數與成長資料，為她們募集了最適合她們的「少女第一件內衣」，並提供實用的衛生教育資訊，讓女孩們在發育初期，學習愛護並懂得保護自己的身體。希望我們就像一個大姊姊可以呵護著自己的妹妹一樣。

十幾年前承諾的「志玲姊姊之家學生宿舍築巢專案」，幫助偏遠地區兒童得以安心、安全的接受教育與學習，終於有二十所學校的宿舍落成；「黃金小種子計畫」是針對零至六歲腦麻、遲緩和聽損兒童提供早期療育學習方案等等。很多時候我們不知道伸出的手，是不是一定能讓對方獲得幫助，但是我們完全不忍心讓對方感到無助。

基金會幫助過一個女孩，她原本的夢想是當模特兒，意外造成全身有百分之七十以上的燒傷面積。因為太痛苦了，讓她覺得無法堅持而想要放棄生命，當時她的父親聯繫上正在遠方工作的我；當我飛到她身旁，望著全身包裹著紗布的她眼中的淚水，忍著巨大的痛楚，對著我點了頭，答應我不會放棄……真希望把所有的力量和勇氣都給她。

後來的她，經過數不清的大小手術和努力不懈的復健之後，現在能夠和正常女孩子一樣，努力為夢想工作，也擁有甜蜜的幸福。

謝謝妳這麼勇敢，

因為妳，

我的內心也因此獲得力量。

我們都是地球村的孩子，

總有一天，我們也會需要他人的幫助。

不要漠視，不要質疑，

真的真的不要小看一句鼓勵別人的話，
鼓勵永遠是雙向的，
給予他人力量同時自己也會獲得力量。
不要吝惜於伸出你的援手，
因為在你不知道的時候，
它其實就已經擋住了一顆往下墜落的心。

C H I L I N G

優雅小提醒

- 當你有能力時，不要吝惜伸出你的手，
  給予幫助，你同時也會感到快樂。
- 不要小看一句鼓勵的話或者小小的幫助，
  它其實都可能帶來巨大的能量。

Part

4

直面人生的
勇氣

031

自己決定自己的價值

一輩子總該做好一件事，
那就是做好自己。

常常太在乎別人的想法，而忘了認清自己的價值；一味的做他人眼中的自己，終究會失去真正的自己。

有一天，要飛往其他地方工作的途中，當然以自以為是明星的方式，刻意做了很多喬裝，心想這樣就不會有人認得我了吧。那天機場人潮眾多，特別擁擠，在前進的過程中，碰到了前面排隊的人，便很自然的說了一句：「不好意思，不好意思。」剎時前面這位婆婆轉過頭來說：「欸～這不是志玲姊姊嗎？妳怎麼這麼瘦啊？妳要吃飯啊，要好好照顧自己，不然婆婆會心疼呢……」

那一瞬間，我深刻感受到婆婆的關懷，好真誠、好親切。婆婆因為我的聲音認出了我，那既然我的聲音這麼有辨識度，還拉近了與大家的距離，我為什麼會想要丟掉它呢？我的聲音就是我原本的標記、我的特色，我為什麼要拋棄它呢？那就是「我」啊。

真的太傻了，為什麼要在乎別人調侃我的娃娃音？
說我的聲音做作，我就開始懷疑自己，
努力想要刻意壓低聲音～
卻因為這位可愛的婆婆，我突然了解到，
我的缺點，也許就是我的優點，
因為這樣～你們記得了我呀！

不要因為別人的想法而否定自己，
自己的價值，要由自己決定。

做自己，絕對不是不在乎他人的唯我獨尊，
而是在理性的溝通中，找到彼此之間最舒服的相處角度。
當你把自己的想法說出來時，
你會發現，大家更能夠接受的，其實是那個做自己的你；

也唯有做自己，大家對你的喜歡和接受，
才是最長久和真實的。

好好的把自己做好，這是一輩子的功課。
在人生不同的階段與歷程中，
清楚在不同時期，自己的價值與定位。
而未來你想要成為什麼樣的自己，
從現在開始就要懂得如何選擇與努力。

當你不放棄自己時，沒有人可以放棄你，
更沒有人可以決定你的價值。
自己決定自己的價值，是人生的必修課。
我們一輩子專心做好一件事，就是做好自己。

C H I L I N G

優雅小提醒

- 做自己，絕對不是不在乎他人的唯我獨尊，
  而是在理性的溝通中，
  找到彼此之間最舒服的相處角度。
- 不要因為別人的想法而否定自己，
  自己的價值，要由自己決定。

032

挑戰與冒險

挑戰是爲了超越自己，
爲自己想前往的高處築上階梯。
挑戰是爲了跳脫舒適圈，
尋找出自己更多的可能性。

人生，就是要勇於挑戰才能無悔。

時間真的很快喔，回望這些年，
我應該做到了二十歲時勇於嘗試；三十歲時有所選擇；四十歲時心中有能量分享。

讓每次的選擇，無怨無悔；
讓每次的佇立，都是最好的時光。

我常覺得自己的心裡，一定住著一個愛冒險的小女孩，渴望面對各種挑戰，每每遇到新的可能時，就算緊張，但我總會讓自己提起勇氣試試看。我會不斷提醒自己：不挑戰，就看不見自己的潛能，撐起萬能的意志力，讓自己可以面對新的任務。

我甚至還有點調皮的，喜歡挑戰高難度的嘗試。
高空跳傘、高空跳水、跳入南極冰川（嗯嗯～當了媽媽以後我就不會嘗試這些了😁），還包括用一個不會的語言演出三十場舞臺劇《赤壁．愛》。

還記得第一次和舞臺劇團隊會面時，他們非常擔心我日語這麼差，要怎麼能夠在一個月內上臺表演呢？畢竟日常打招呼與要在舞臺上用古日語演戲，是截然不同程度的兩件事，包括跳舞唱歌和瞬間落淚。那一個月，我連做夢都在背著臺詞，不允許自己出錯，在這樣的壓力下，要演出瞬間落淚的戲時，也就沒有困難了。😁

當然，也因為這個挑戰，讓我與先生可以結緣呢！♡

當新選擇或挑戰來叩門時，我總會先問問自己：如果這次沒有接下這個挑戰或任務，之後回頭再看時，會不會覺得很後悔？

這次不挑戰，可能以後就沒有機會了，

而選擇挑戰，就有機會成就你不曾想像過的自己。

答案如果是「會」，那就沒什麼理由不去試試看了。

沒有永遠平坦的道路，勇敢的面對挑戰，
同時累積可以跨越這些坎的能力與能量。
而當你終於跨過去時，這些難得的經驗與閱歷，
都將豐厚你的底蘊，成為內在心靈的美好糧食。

挑戰，是為了超越自己，為自己想前往的高處築上階梯。
挑戰，是為了跳脫舒適圈，尋找屬於自己更多的可能性。

「我嘗試過了！」和「我做到了！」
你喜歡哪一個答案呢？
只有試過，你才知道。
唯有如此，你才可以見到一個更強大的自己，
看到你所未看過的世界。

C H I L I N G

優雅小提醒

- 當新的挑戰來叩門時，首先問自己，
  如果錯過了，會不會後悔。
- 想要超越自己，就要跳脫舒適圈，
  找到更多自己的可能性。

033 一個人，也可以好好生活

一個人的時候，
也請好好的享受獨處，
而不是在等待未來。

我常常隻身一人提著行李在海外獨自生活，有時候會覺得自己很像飄在空中的羽毛，不斷不斷的在不同的城市間穿梭、奔波。

但問我是否孤獨？我從不覺得。

孤獨，是你自己被動的封鎖自己，如果你也願意主動踏出去和他人接觸，也許，就可以遠離孤獨。

很多人喜歡將幸福與愛情、婚姻劃上等號，我覺得這是不對的，難道單身女子就不能擁有幸福了嗎？不是吧。

我們當然可以期待兩個人的共處，

但是當你一個人的時候，就應該要好好享受一個人的獨處，好好的讓自己活在當下。

如果你能夠把握住每一刻，並都活得精彩，

而不是始終在等待下一個未來，你就會看到那個最好的自己。

相對的，你若總是把心思放在等待上，那你就會失去現在那個無可取代的自己了。

愛情不是等待，而是遇見。

曾經我也是一個單身女子，在不算短的單身歲月中，我深刻的感覺，我們女孩子真的應該要好好的讓自己過得更好，因為我們生活在一個很美好的年代，沒有上一代舊思維的價值觀去綁住女性，也不像新的一代充滿了應接不暇的速度感。我們現在所有的獲得，是一步一步累積來的，我經歷過、我跌倒過、我感受過、我走過，我覺得這些過程，都很棒。而經歷這些過程，讓我們更認識自己，了解生命中的排序，並認可自己的價值。

也許有時候，你一個人過久了，會有許多的不安和不滿，

但不要因為希望有一個人來拯救你，

而把自己放入另外一種不安。

結婚需要勇氣，
一個人，一樣也需要勇氣。
一個人的時候、兩個人的時候、一整個家庭的時候，
都要好好的，
好好的為自己而活。

C H I L I N G

優雅小提醒

- 愛情不是等待，而是遇見。
  一個人也請把自己活得精彩，
  才能看見更好的自己。

- 一個人，需要勇氣；
  一個人，一樣可以過得很好。

034

從容面對時間與青春

認眞的活在每一個現在，
不要做一個被年齡支配的女人。

我也怕「老」，人的皮囊當然會漸漸老去。我們不可能永遠保持著十幾歲青春少女的模樣，但是現在的我，對於這些已經比較坦然了。

既然沒有辦法逆齡，那我只能試著保鮮；既然沒有辦法把時間當成敵人，那就當朋友，希望時間讓我成為有故事的女人。

我想每個女生都希望，
經過時間的洗禮，大家能夠看到的是一個有趣的靈魂，
是一個願意相處、願意放在心中、願意被記得的可愛女人。
每個人都一樣，只能順著時間軸往前走，
因為那意味著青春的流逝，美好年華不再。
但你是否想過，我們在時間流逝的過程中，
換來更成熟、更有智慧的圓融與淡定，
外表的青春留不住，但可以永保青春的心境和靈魂，
它可以把你的內在打磨到發光。

學一點，修一點，生活的點滴經驗將轉化為人格的永續魅力。

既然這是一件再自然不過的事情，（不小心嘆～因為我們都沒有魔法啊😄）雖然不免會隨著年齡唏噓著自己的某些失去，青春啊、外貌啊、身材啊……，那麼請試著去看看現在比過去更好的自己，看看時間讓自己收穫了些什麼。

我一直覺得女人有如鑽石，要歷經不斷的打磨，才能構成不同的完美切割面，燦爛柔美，但內心強大堅定。

想要從容的和時間共處，

要接受時間的流逝，與時俱進。

誠心接納歲月累積內在的從容與優雅，就是時間給你最好的禮物。

人生，是自己可以主演得最好的一部電影，我們不會願意失去人生應有的每一個階段～不論什麼階段，都勿忘：

十歲的赤子之心，二十歲的積極樂觀，三十歲的青春魅力，四十歲的智慧圓融，五十歲的淡定自在，六十歲的豁達開朗。

自始至終讓善良永駐於心，永保赤子之心，

讓時間幫我們把人生這齣電影，活得更加精彩。

歲月靜好，願我們勇於感悟人生，

用清澈雙眼看見繽紛世界的好，

用淡定心態面對世事紛擾，

融入內心深處的涵養與永生學習。

即使外在經不起歲月磨礪，

魅力可能比美麗有價值。

與時光共處，優雅到老。

C H I L I N G

優雅小提醒

- 我們無法逆齡，但可以保鮮青春的心境和靈魂，因為它決定了我們怎麼生活。
- 與時俱進，從容的和時間共處，做個有故事的人。

035

勇敢 Say No!

善良本身沒有錯，
但妥協與退讓要適可而止。

「心存善念」是做人的根本，
但恰當的說不，是尊重自己，也尊重對方的表現。
我們常常被教導要做個善良的人，但是也常被提醒，
「善良」還是應該拉出底線。

有人向我們求助，我們依據自己的能力施以援助，但是，如果對方明明可以靠自己的能力辦到，這就需要好好斟酌了。如果你願意，或許可以試著從旁協助，與他一起完成，這才是長遠的幫助，讓他了解自給自足的重要性。另外，如果明明自己做不到，卻沒有衡量自己的能力答應，其實也是一種沒有保護彼此、尊重彼此的作法。

我有一位善解人意也很孝順的工作夥伴，有一天，她很難過的在辦公室哭泣，我問她難過的緣由，原來自從她開始工作以後，每一份薪水都拿來償還過往家中債務，而媽媽熱衷投資股票，將她近年來辛苦累積的存款

都花得一乾二淨，現在還要這個夥伴去借錢給她做為買房的頭期款⋯就像一個無底洞，她覺得再也無法承受。就在那一天鐵了心拒絕了媽媽，因為她有自己的人生要過，而媽媽卻大哭大鬧、怪她不夠孝順⋯⋯。大家安慰著她，她沒有做錯，如果還是順著媽媽那真的是愚孝了。

善良，很好，但請不要錯用善良。

相信你我周圍也不乏有些被親人或朋友情緒綁架的例子，如果不懂得拿捏分寸，不懂得衡量輕重，在適當的時候 Say NO，只是任人無止盡的索取你的善良，終究會超出自己的負荷，導致兩敗俱傷。

無休止的退讓，不是善良，而是懦弱。

千萬不要把善良和懦弱、退縮混為一談。

善良本身沒有錯，但你的妥協與退讓要懂得適可而止。

說「不」時，把拒絕的人和拒絕的事分開，
溫和而堅定的表達自己的態度，
是保護自己的一種方式，
才不會永遠背負著他人的慾望而無法喘息。

請拿出你的智慧，判斷有多少能力做多少事，
這樣自己的心才會輕鬆自在，也才不會覺得失去自尊，
不會過著不像自己、為別人而活的人生。

面對他人的善良，我們必須要好好珍惜，
不要肆意踐踏與濫用；
但對他人付出的善良，也請依照狀況設出底線，
不要讓付出的愛，任人揮霍，反而卻傷害了自己。

C H I L I N G

優雅小提醒

- 判斷自己有多少能力做多少事，
這樣心才會輕鬆自在。
- 說「不」時，把拒絕的人和拒絕的事分開，
溫和而堅定的表達自己的態度。

036

多愛自己一點

沒有人有責任一定要疼你，
只有你，可以把自己放在手掌心裡疼愛。

現在很多人在家中扮演著多重角色，特別是職業婦女，常常蠟燭多頭燒，除了工作之外，就是一心為了家庭付出，將生活重心全都放在家人身上，承受著心靈缺失、情緒無處宣洩的壓力，在照顧家人的同時，卻忘記了要好好照顧自己。

如果這也正是你的情況，我想跟這樣的你說：
不要因為生活的壓力，把自己的價值壓得低低的，
只有你可以把自己放在手掌心，
一定要好好的愛自己、疼惜自己。

疼惜自己的方式不少，首先，你可以為自己保留一個專屬於你的時間和空間，找到適合自己的運動方式，維持身體的健康；然後一定要關照心理層面，保養外在的同時，也一定要保養內在；充足的睡眠與均衡的飲食更不可少，讓自己身心靈都處在均衡平和的狀態，畢竟要有快樂的內在，

才能滋養出健康與完整的自己。

「愛自己」是一門重要的課題，好好愛自己，不是為了給誰看，而是要和自我好好相處，因為這輩子我們會和自己相處最久。

「愛自己」不是別人的責任，不要讓別人來決定你的日子過得好不好，只有自己最愛自己，也只有自己最心疼自己。

懂得自己的價值，
然後從認識自己，喜歡自己開始，
培養給自己快樂的能力。
謝謝自己面對恐懼時，願意前進；
謝謝自己面對生活時，全心全意；
謝謝自己面對夢想時，奮不顧身；
謝謝自己面對家人時，犧牲包容，

謝謝……………

給自己一個高一些的評價，看見自己的好。

快樂不是一種性格，而是一種能力。

這樣的能力，是可以養成的。

請相信你自己，你，一定可以對自己更好一點。

或許，不只有一點點。

C H I L I N G

優雅小提醒

- 好好的愛自己，
  只有自己有能力最愛自己和心疼自己，
  進而讓自己養成可以快樂的能力。
- 給自己一個高一些的評價，增加自己的幸福度。

037

珍惜，不要等到來不及

生命中的無常與不安，
總在我們無法預料時出現，
一個錯身，便可能是永遠，
所以任何時候，請都好好的感受，
好好珍惜吧。

那一年，因為一個節目的關係，我去了撒哈拉沙漠。

那一天，我們六個人騎在駱駝上，旁邊是攝製組的車子，天空和沙漠在無限綿延中連成一線，大自然在我們眼前展現著壯闊的美。

然後突然的一瞬間，沙塵暴來襲，鋪天蓋地的沙子襲面而來，原本晴朗的天空變成黑暗的世界。你完全看不到前面的路，更無法辨明方位，攝影組的車子也完全走失了。

沙子打在身上非常非常的疼，原本綁在臉上遮蔽的保護衣物，全都紛飛了，天空開始下雨，然後閃電，還打著雷。

在什麼都看不到的那一刻，真的非常害怕，雖然我們一群人的六匹駱駝是綁在一起的，坐在後面駱駝上的弟弟妹妹們都看不到前面的狀況。我一直呼喊著，請大家不要慌張、抓緊駱駝。雖然我完全不知道那樣的黑暗會持續多久，生命的氣息會不會就停止在那一刻。

當終於獲救、抵達帳篷，
我們的導演組哭著擁抱我們，
因為真的有一瞬間，我們都以為再也見不到彼此了。
導遊說我們竟然遇到了他們完全無法預測的沙塵暴。😳
那天晚上，所有的人都累了，
但我卻捨不得睡，我把棉被拉到帳棚外，
躺在那裡看星星。
那是我見過最美麗的天空，繁星點點，數不清的明亮。
在沙塵暴來襲之前，我們正欣賞著美麗的夕陽，
然而不多久卻陷入生死一瞬間的恐懼。
現在的我在一片平靜的沙漠中，
看著耀眼的星星、看著感覺離我好近好近的月亮。
想著，
能夠好好的活著，真好。

生命中有很多的事情，都不是我們能夠預料與決定的，
美好的下一刻，可能是黑暗，
所以任何時候，請都要好好的感受，好好珍惜。

「珍惜」，每個人都會說，
但是，真正懂得珍惜的又有多少人呢？
大到整個地球、我們的生活環境，
小至我們使用的小小物件，
乃至人與人之間的相遇或者錯過，其實都與珍惜有關。
我們常常很喜歡說「活在當下」，但是又有多少時候，是我們在很久以後回首時，才愕然發覺，我們應該在那個時候，更加珍惜那個當下的自己、那個當下的朋友、那個當下的時光，以及，那個當下的感情呢？
珍惜生命中的一切，是當你回首時，可以很肯定的對自己說，嗯～那個時候的我，已經付出了全心全力的自己。

生命中的無常與不安，總在我們無法預料時出現，
既然那是我們無法控制與決定的，
那麼，請好好珍惜身邊的每一個人、每一段關係，好好把握我們認真走過的每一個瞬間。

尤其經過了動盪的這幾年，
當連呼吸都變成奢侈，
我們更應該學習到
珍惜～不要等到來不及……

C H I L I N G

優雅小提醒

- 一個錯身，可能就是永遠，
  所以請好好珍惜每一段關係，把握每一個瞬間。
- 所謂珍惜生命中的當下，
  就是當下的你付出了全心全力的自己。

038

改變的力量

當這個世界形成善的迴圈，
不斷的傳播與循環，
改變，就成爲可能。

無力感，是一種最無聲的折磨。

我有一位朋友曾經是學校的校花，主播臺閃耀的一顆星。正值花樣年華的她身體一直不太好。為了不讓我們擔心，也不要影響我們的心情，有時和她出門，她會盡量隱藏，不在我們面前發作。她熱情的指導我們做手工藝、陶器、蛋雕。

直到有一天我們才知道，她不斷反覆進出醫院是因為腦癌，手術與治療不下幾十次。這樣的她是如此堅強，每次見到她都還帶著滿滿的笑容，如此令人不捨。

最後一次在醫院病房門口，她已經痛苦到不願見我，

在門外的我，好難過好難過，

好希望好希望，自己能做些什麼。

因為基金會的關係，我看過好多關於分離的悲傷故事，有的是因為不

得已，有的是無法取得彼此的諒解，有的是還有機會補救，有的，卻只能成為永遠的遺憾。

其中我遇過一位朋友，結婚不久剛剛有小孩，但是已突發至癌症末期。她的笑容燦爛無比，她的正向樂觀遠超過你的想像。

我最後一次見到她時，正好報紙不曉得寫了什麼有關於我的負面新聞。她一見到我就用非常洪亮的聲音，元氣十足的告訴我：「不要在乎別人怎麼想，志玲姊姊妳趕快成立基金會啦，我一出院就去當妳的義工，快快快。」

於是我真的成立了基金會，但她卻離開了我們。

最大的無力感，來自於我們沒有辦法提供幫助。

以前常常會說我何德何能，擁有這樣的人生，老天爺一定是期許我做些不一樣的事，不是為了自己，而是為了那些需要幫助的人。

我能夠改變些什麼呢？

我能夠讓失去希望的生命獲得重生嗎？
我能夠讓偏鄉的學童得到教育的機會嗎？
我能夠讓有才華的孩子，走出去看世界嗎？
我能夠讓生病的孩子獲得完善的醫療照顧嗎？
我能夠在發生危難時，伸出急難救援的雙手嗎？

很純粹的～希望用自己微薄的力量，做些改變。
我告訴我自己，我可以，
我可以擁有改變的力量。

在慈善這條路上走得越久越遠，就越感受到一個人力量再大，投到浩瀚的天地中仍然非常微不足道。

然後慢慢我懂得了，一個人畢竟有限，
所謂改變的力量，是集結大家的力量和愛心，
將所有的「給予」傳送到世界上需要幫助的角落，
行動所創造的影響力，不僅可以改變自己，也可以改變世界。
讓貧困得到協助，讓病痛獲得醫療，讓夢想可以實現。

人心在有失去、有獲得的狀態下，也應該有所回饋，
這個世界才會形成善的迴圈，
不斷傳播與循環，改變就成為可能。
只要心還在跳的一天，就能夠有所改變。

C H I L I N G

優雅小提醒

- 生命中一定有存在無力感的時候，
  但千萬不要放棄相信自己擁有改變的力量。
- 人心在有失去、有獲得之下，也應該有所回饋。

039

失敗的勇氣

不要被失敗的情緒打倒，
不放棄向陽的心，
是值得爲自己喝采的勇敢。

人生就是一個不斷選擇的過程，有成功，就有失敗。生活的精彩就在它無法預知，也不會完美。沒有什麼事情是嚴重到過不去的。我總是這樣子想。既然沒什麼過不去的，就用正面的態度去面對。正向思維代表積極樂觀，但不代表不能悲傷，或有負面情緒，應該說，反覆練習可以敏銳的察覺生活中的正向訊息，吸收正向的線索，我們就會離正向的光束更近一些。

記得剛開始常常被問這麼晚才入行，妳不怕失敗嗎？我的回答是：我願意接受生命的所有可能性，該轉彎的時候就轉彎，如果在這裡失敗了，我可以走向另一個轉彎啊，我不怕。

很多人害怕選擇，是因為害怕失敗，總覺得要先評估是否安全，才敢下決定，可是失敗真的是一件那麼可怕的事情嗎？人為什麼無法面對挫敗，是因為覺得丟臉嗎？

害怕他人的眼光嗎？害怕受傷嗎？怕跌倒後就爬不起來嗎？

曾經有一度，因為一場誤會，我覺得我做人是不是失敗了。對人性充滿失望，我的樂觀也被完全消滅了，那時候工作排得滿滿，每天卻都要帶著微笑，但只要安靜下來的時候，我的眼淚就會不由自主的掉下來。

那時候真的很不快樂，那個低潮勝過被人批評的煎熬，就像活在人生的低谷、質疑著人性……。被打擊到再也爬不起來了。

我問自己：志玲姊姊不是應該帶給大家正能量嗎？如果正面力量被淘空了，那麼志玲姊姊的存在還有什麼意義呢？

這是做為志玲姊姊的一個抉擇關口，

是要繼續前進？還是就這樣被擊潰？

當時我用時間、用忙碌讓自己暫時忘卻傷痛，

同時尋找著能夠支撐自己的力量。

相隔多年，自己終於能放下了。
也終於了解，有些放下，需要時間～

不喜歡誇大自己的挫折，不想要讓傷口變成商品，
但是，我願意學習將傷口轉換成力量，變成一種可以分享的能量。
在任何事情上，不害怕失敗的前提及祕訣，
就是永遠讓自己要有 **Plan B** 的準備，
唯有對於人性的考驗，永遠無法準備。

面對失敗，要對自己有寬容，
把失敗當做成長的階梯，有了遺憾，我們才會有所追尋，
才會在挫折之後，讓自己站起來，
才會有勇氣看見真實的自己。

在每個人各自的人生經歷中，都會上演著各種各樣的事情，
有快樂的，有難過的，有讓你欣喜若狂的，有讓你痛不欲生的……，
這種種的過程加起來，叫做人生。
人生既然有這麼多這麼多的顏色，
那麼為什麼不讓「相信」成為一切的根本？
不要被自己的失敗打倒，
相信可以走過一切的低潮，
相信自己有面對困難的勇氣，
相信自己有能力可以過自己想要的日子，
相信陽光終究會燦爛，美好終究會降臨。
相信，是一種勇敢。
願意面對失敗，更是一種值得為自己大聲鼓掌的勇氣。

C H I L I N G

優雅小提醒

- 面對失敗，要對自己有點寬容，
  把失敗當做成長的階梯。
  有了遺憾，才懂得在挫折之後讓自己站起來。
- 相信自己有面對困難的勇氣，
  相信陽光終究燦爛，選擇向陽的人生，
  信念永遠是最好的信仰。

040

保持初心

不忘初心，
方得始終。

初心是，
永遠有洞察這個世界清澈的雙眼。
永遠有飽滿熱情的態度，
永遠有童心未泯的單純，
永遠有好奇自由的心靈，
永遠有感恩知足的心境，
永遠有欣賞他人的情懷，
永遠有勇於追夢的勇氣。

初心，就好像是剛開始面對世界那個單純純粹的自己，對什麼都充滿好奇，對什麼都不會害怕，對什麼都充滿感謝。

不快樂，往往因為不單純，
而初心，永遠是最單純的。

世界越複雜，我們要活得越簡單，簡單就是幸福。

我心裡有著一把尺，時時用來衡量自己有沒有走偏。
那把尺是我自己的，不需要用別人的尺來框住我，
也因為這樣，只要秉持初衷，將自己做好做滿，
不要怕別人說，也不用因為他人的言語，做出無謂的改變。

喜歡每天重新歸零的自己，
喜歡可以開懷大笑的自己，
喜歡永遠好奇的自己，
喜歡奮不顧身的自己，
喜歡這樣的自己，也喜歡大家叫我「志玲姊姊」。
我覺得「姊姊」這個稱呼，就是在回應我的初心，
提醒我要有身為「姊姊」的使命感，

要能夠照顧大家，
帶給大家正面的能量。

那種感覺就好像是每一次，和小朋友之間的互動，
他們那種簡單的快樂與知足，總能讓我獲得許多力量。
當我彎下腰，貼近和接觸的當下，
透過行動，找到自己存在的意義和理由。

時時刻刻提醒自己，
要記得那個最真實簡單的自己。
不管世界怎麼變，不管人生經歷了什麼樣的起伏，
請記得，你心中，那顆最原始根本的心。

生命僅此一次，不忘初心，永遠是最好的淨化模式，

讓你回歸單純與快樂。

自己的快樂，自己決定。
自己的生命，自己決定。
只有自己快樂，才有能力帶給別人快樂。

不失去自己，不失去初心，
就可以永遠更喜歡自己，
永遠讓自己更好。♡

C H I L I N G

優雅小提醒

- 心裡放一把自己的尺，時時衡量有沒有走偏。
  不需要用別人的尺來框住自己，只要秉持初衷，
  將自己做好做滿。
- 不忘初心是最好的淨化模式，
  讓你回歸最純粹得自己。
  記得那個最真實簡單的自己。

專文推薦

優雅的內核是純淨的心

翁美慧（富邦藝術基金會執行長）

由志玲執筆以「優雅」為題的書，相信不但具備說服力，也絕對是不二人選。

在二十多年的交誼中，我們多次出外或旅行，志玲總是溫柔的照顧著同行的人。在第一名模的光芒之外，她其實更像一百分的領隊，溫柔的和大家交談，主動的瞻前顧後，態度從容自若。和她相處的時光中沒有任何壓力，反而更能享受旅程的風光。這是我所知道的志玲！讓人如沐春風，發自內心喜愛。

但談及大家對於志玲的優雅讚譽，透過這本書讓我檢視真正的優雅最終還是來自於內心純淨，因為優雅無法刻意造作，它發乎於自然。除此之外，懂得尊重他人並且謙卑自持是養成的基礎，家庭教養與國際視野則是使優雅更為迷人的處方。這也是為什麼志玲可以分享優雅的原因。

在恭賀她新書出版的同時，我希望分享《聖經・箴言》第四章第二十三節：「你要保守你心，勝過保守一切，因為一生的果效是由心發出。」成為在優雅之內，信仰之上的準繩。

專文推薦

爲你帶來和煦的陽光

吳美環（臺大醫學院小兒科特聘教授）

志玲姊姊是位很有療癒能量的人。

還記得，二〇一四年志玲姊姊到臺大兒童醫院探視癌症病房的小朋友。有位重症小朋友因為身體不適，心情一直相當低落。志玲姊姊特別走進她的病房，蹲在她的床邊。說著說著，一陣子後，孩子的眼睛突然亮了起來，接著也露出了久違無邪的笑容。強大的療癒魔力頓時在病房展開！

兩人聊了好久。

二〇二二年，志玲姊姊出書了！

心中很謝謝志玲，願意與大家分享她的人生智慧。讀過這本書，可以讓我們很自然的在生活的每個細節，穿透著保有熱情及快樂的節奏。

這是會給讀者帶來和煦陽光的一本好書！

——專文推薦——

優雅人生，一堂志玲姊姊親授的必修課

楊斯棓（醫師、《人生路引》作者）

我讀過志玲姊姊的兩本著作，一本是《心玲小語》，一本是熱騰騰的新書《剛剛好的優雅》。

《心玲小語》就像一本攝影圖文集，書中有數十句志玲姐姐的暖心金句，還同時呈現英、日文版，掃描書中所附的 QR Code，還可聆賞志玲姊姊、姊夫及其友人為我們朗讀的三語金句。

《剛剛好的優雅》一書中的每篇小品文，則像是《心玲小語》的金句各自長出了翅膀，輕舞飛揚。

閱讀的過程中，好像不斷和志玲對話，每一篇小品文，都可以讓人勾起某一段回憶而有所省思。

譬如說志玲在二〇〇五年摔下馬後，林爸爸心疼的質問：「這件事情要由誰來負責？」志玲說：「只要能復原就好，我為自己負責。」躺在病床上的志玲，沒怨念沒脾氣，唯一的念頭是：「我一定要復原。」因為，還有很多事情等著她去做。

當下的她，不一定知道自己將著墨偏鄉學童教育或是病童的醫療資源，就像賈伯斯所說：「You can't connect the dots looking forward. You can only connect them looking backwards.」回頭看，我相信對於成立於二〇一一年的志玲姊姊慈善基金會來說，當年那個「我一定要復原」的念頭，一定扮演關鍵催生角色。

本書的重頭戲除了志玲的慈善觀，還有她的優雅課。

我曾親眼見過一位經常上報、總是眾人簇擁的董娘，無禮的在某個場合用手撥開左側旁人，只因為攝影師示意要幫她和右側友人合照。當她下意識粗魯起來的那一刻，她失去了優雅。

是以，優雅無關出身，無關財富，無關學歷，無關專長。任何一個人，都可以學著優雅，因而優雅。

當然，人也可能貌似擁有一切內、外在條件，卻毫不優雅。

優雅的人，不論人是非，不轉傳謠言，甚至一聞八卦，就藉故起身離去。

優雅的人，不被人牽引情緒。別人扯開喉嚨，她有話仍然可以好好說。

優雅的人，會技巧性的把聚光燈輪流打在每個人身上，尊重每一個人的存在與價值。

想學當一個優雅的人，《剛剛好的優雅》，剛剛好適合你。

專文推薦

心美，才是眞正的美

陳志恆（諮商心理師、作家）

我想，在大眾的印象中，志玲姊姊與「優雅」這兩個字，已經密不可分了吧！那是因為，志玲姊姊不只美貌出眾，又能給人清新脫俗、溫暖親切的感覺。

她是怎麼辦到的呢？

我相信，美貌或許是天生的，但氣質這件事，可是得後天練就。如果沒有足夠的修養，和一定的情商，是無法給人這般好感的。而今天，我們正能透過閱讀《剛剛好的優雅》這本書，不只一窺國民女神的內心世界，更能學習志玲姊姊的處事思維與人生態度。

志玲姊姊身為公眾人物，雖然深受歡迎，但也不免遇到各種八卦攻擊；她優雅微笑的背後，想必有著不為人知的辛酸。那麼，她是如何應對的呢？

《剛剛好的優雅》書中有一個章節，談的就是「背後的話語」。她說，當知道自己成為人家背後議論的對象時，自然也會感到不舒服、不愉快。有些人聽到這些話可能會大怒，或是找對方質問，甚至和對方斷絕往來。而志玲姊姊的態度是會試著放下激動的情緒，選擇「平常心」。如果太過在意，反倒亂了前進的步伐，損失的是自己。

這是多麼高段的處事哲學呀！

在這個人人都想紅，也有機會紅的世代，有人紅了，有人就眼紅，惡意攻擊或酸言酸語總是免不了。如果你的內心夠強大、心態夠健康，那些惡言永遠傷不了你；甚至，你能如志玲姊姊般，總是以優雅的姿態，微笑以對。

有人說，女人三十歲以前的美貌，靠的是天生；三十歲以後的美貌，則是氣質與修養。欣喜閱讀志玲姊姊《剛剛好的優雅》這本書，教會我們如何善待他人、討好自己、面對困境與保持初心。

「相由心生」這句話真不假，心美，才是真正的美！

專文推薦

有優質人品，必有優質作品

愛瑞克（《內在原力》作者、TMBA共同創辦人）

我是一年讀超過一千本書（細讀約兩百本，其餘速讀）的愛書人，常受邀至企業內部、學校演講，最常被問的問題就是如何選書？我回答：「先看人品，再看作品。」

閱讀是靈魂的混血過程，當我們深入去讀一本書，等於是透過作者的視角及思維去看這個世界，一旦我們的想法被一本書影響了，我們的行為因此改變了，於是我們成為不同的一個人。

我曾讀過一本外國翻譯書《凝視優雅》，初版即榮獲「博客來二〇一六年九月選書」，以氣質女星奧黛麗．赫本（Audrey Hepburn）黑白照片為封面，相當搶眼，書中的論述內容也令我難忘。其中有一段：「優雅，存在於溫暖包容的態度中，流轉於從容自在的肢體動作間，兩者經常並存。」多年以後，讀到《剛剛好的優雅》書稿，大為驚豔！林志玲正好是溫暖包容的態度（內在），與從容自在的肢體動作（外在）兩者並存的代言人。我讀過不少國內外藝人相關的書，也讀過以優雅為主題的著作，而由藝人親自論述的優雅主題書，這是第一本！

她以質樸、真誠的文字，一一訴說著自己的想法和習慣，默默的傳遞她看待這世界的價值觀。

真正的優雅，是由內而外散發出來，我們選擇什麼樣的書，透過閱讀與作者完成靈魂的混血，將決定我們成為怎樣的一個人。一個溫暖而優雅的靈魂，是從再也平凡不過的日常開始的，從八歲到八十歲，只要能讀懂一本書，就從這本書開始吧！

願優雅與你同在！

專文推薦

屬於自己的剛剛好

張瑋軒（女人迷創辦人、作家）

我真的喜歡上林志玲，是在我看見她本人的時候。

當時的志玲頂著人人都承認的聰慧與美貌，甫出演《赤壁》的小喬。彼時的我，是電影公司的幕後工作人員，我接待著各路大明星，志玲對任何人都微笑都禮貌，我想著果然是林志玲啊。然後在一場國際記者會上，有個非常不禮貌的問題蠻橫的衝著志玲而來：「很多人說你在這部電影是個花瓶，你覺得你是花瓶嗎？」

當所有工作人員都在捏一把冷汗，想著要怎麼替志玲解圍的時候，我看著林志玲拿起麥克風，優雅俏皮一笑，不疾不徐的說：「如果我是《赤壁》裡的花瓶，那瓶子裡面的水就是小喬如水的水。」當她說完，一陣靜默，突然，全場記者為她鼓掌如雷。因為人人都感覺到那個問題的不懷好意，但人人也都見識到什麼叫做優雅和幽默以對。

那是我真的喜歡上林志玲的時候，我讚賞她的聰慧，我喜歡她的優雅。

而志玲在《剛剛好的優雅》中，慷慨分享著她為人處世的祕密。志玲說著自己的故事，我們彷彿坐在志玲姊姊的旁邊，像是一起喝杯下午茶一樣的，聽著她是怎麼生活，怎麼用最大的善意對待別人，以及與自己好好相處。

優雅，是伸出自己的手幫幫別人。優雅，是在照顧別人的時候，也別忘了疼愛自己的心。優雅，是有格局有突破敢於挑戰，但又謙卑與知足的。優雅，是真誠且自在的。與其說，剛剛好的優雅，或許，是因為——優雅，是剛剛好的。

我很喜歡這本書，我也是一個特別喜歡把自己過得優雅的生物。雖然我永遠都不可能是林志玲，但看完這本書，你會知道——每個人都能有屬於自己的優雅，屬於自己的剛剛好。

剛剛好的優雅
志玲姊姊修養之道

作者 / 林志玲

主編 / 林孜懃
美術設計 / 謝佳穎
美術構成協力 / SUNNY CHEN
內頁繪圖 / 有隻兔子（阿珍）
內頁排版 / 連紫吟、曹任華
行銷企劃 / 鍾曼靈
出版一部總編輯暨總監 / 王明雪

剛剛好的優雅：志玲姊姊修養之道 /林志玲著. -- 初版. -- 臺北市：遠流出版事業股份有限公司, 2022.06
面； 公分.
ISBN 978-957-32-9531-0(平裝). –
ISBN 978-957-32-9532-7(精裝)

1.CST: 修身 2.CST: 生活指導

192.1　　111004891

發行人 / 王榮文
出版發行 / 遠流出版事業股份有限公司
地址 / 104005臺北市中山北路一段11號13樓
電話 / (02)2571-0297　傳眞 / (02)2571-0197　郵撥 / 0189456-1
著作權顧問 / 蕭雄淋律師

2022年6月6日 初版一刷　2022年6月10日 初版四刷
定價 / 新臺幣420元（缺頁或破損的書，請寄回更換）

ISBN 978-957-32-9531-0

ylib 遠流博識網 http://www.ylib.com E-mail: ylib@ylib.com
遠流粉絲團 https://www.facebook.com/ylibfans

財團法人臺北市志玲姊姊慈善基金會
執行長 / ANNE HSIAO
創意設計主編 / SUNNY CHEN
地址 / 10646臺北市大安區羅斯福路二段105號5樓之一
電話 / +886-2-2366-0793
傳眞 / +886-2-2365-6452
官網 / www.chilingjj.org
E-mail / chilingjj@chilingjj.org

瞭解志玲姊姊基金會
To understand Us

聯繫志玲姊姊基金會
To contact Us

支持志玲姊姊基金會
To support Us